뉴노멀생사학교육총서

1

지금도 자살하는 대한민국,
누가 왜 죽음으로 내몰리나?

정진영 **지음**

박문사

뉴노멀생사학교육총서 1

지금도 자살하는 대한민국,
누가 왜 죽음으로 내몰리나?

초판인쇄 2023년 09월 20일
초판발행 2023년 09월 30일

지 은 이 정진영
발 행 인 윤석현
책임편집 김민경
발 행 처 도서출판 박문사
등록번호 제2009-11호
우편주소 서울시 도봉구 우이천로 353
대표전화 (02) 992-3253
전   송 (02) 991-1285
전자우편 bakmunsa@daum.net

ISBN 979-11-92365-45-9　(04200)　　　　　　**정가** 10,000원

지금도 자살하는 대한민국, 누가 왜 죽음으로 내몰리나?

우리나라 자살률이 OECD 국가 중 1위라는 것은 누구나 알고 있는 상식이 되었다. 1년에 수도 없이 발표되는 국내외 통계와 뒤질세라 쏟아내는 기사 탓일까? 아니면 자살률이 감소하고 있다는 안도감 때문일까? 그것도 아니면 팍팍해진 삶에 내 코가 석자라서 일까? 어느 때부턴가 '자살'이란 말만 들어도 피로감이 몰려들고 시큰둥해진다. 그사이 자살이란 단어는 사라지고 대신 '극단적 선택'이라는 모호한 단어가 등장했고, 더불어 자살을 수용하는 태도도 늘어나고 있다. 하지만 누가, 왜, 어떤 이유로 삶을 포기하는지 아직은 관심을 끊어선 안 된다.

머리말

우리 사회가 살만한 곳인지를 가늠하는 척도 중 하나는 자살률이다. "자살은 하나의 개별적인 사건이다. 하지만 개별 자살과 달리 자살률은 단순히 개별 자살 사건의 합계, 총계가 아니며 그 자체가 하나의 통일성을 가진 독자적인 현상이고 그 본질은 압도적으로 사회적이다(박상훈 등, 2021)." 이 책은 자살을 철저하게 사회적인 관점에서 바라보고, 해석하고자 노력했다.

자살률은 인구 10만 명당 자살사망자로 측정하는데, 우리나라는 2003년 이래 현재까지 경제협력개발기구 가입국 중 부동의 자살률 1위를 기록하고 있다. 이젠, 불명예, 오명과 같은 단어도 부끄럽기 그지없다. 그러나 불행 중 다행히도 우리나라 자살률은 2011년 인구 10만 명당 31.7명으로 정점에 달한 이후 감소 추세로 돌아섰다. 하지만 여전히 OECD 1위다. 그것도 누구도 따라올 수 없을 만큼 압도적인, 부끄러운 1위.

자살률이 감소추세인건 확실하다. 하지만 자살률 감소에도 성, 연령, 지역별 불평등이 존재한다. 우리가 자살을 개인의 문제가 아닌, 사회적 문제로 바라봐야 하는 이유다. 2021년 노인

자살률(39.6명/10만 명)은 2011년 77.2명(/10만 명) 대비 48.7%
감소했다. 1990년대 후반부터 빠르게 증가한 노인자살률은
고령화와 맞물려 한국 사회의 가장 큰 보건문제로 대두되었
다. 이런 문제의식은 노인 대상의 자살예방 연구와 보건사업,
경제적 지원(기초연금 등) 등을 적극적으로 수행하도록 하였
고, 결과적으로 노인자살률의 감소를 이끌었다고 평가된다.
반면, 같은 기간 중년남성의 자살률은 2011년(55.6명/10만 명)
대비 26.3%(2021년 41.0명/10만 명) 감소에 그쳤다. 게다가
2017년 13.3명까지 떨어졌던 20대 초반 자살률은 증가추세로
돌아섰으며, 코로나19를 기점으로 증폭되어 2021년에는 20.4
명으로 20명을 넘었다. 20대는 감염병 취약인구가 아니다. 그
럼에도 불구하고 감염병 유행시기 청년기 자살의 증가현상은
어떤 기전 때문일까?

  우리나라 정부는 외환위기 후 급증하는 자살률을 줄이기 위
해 2004년 제1차 자살예방기본계획('04~'08)을 수립했다. 이미
카드대란으로 자살률 2차 피크를 맞은 시점이다. 늦어도 너무
늦었다. 늦었을 뿐 아니라, 자살의 원인을 그저 정신적 문제로
치부한 탓에 실효성도 매우 낮았다. 2차 계획을 통해 본 계획
의 주무부서인 보건복지부(당시는 보건복지가족부)는 "정책
범위를 개인중심의 정신보건사업으로 한정하여 사회-경제적
범정부적 지원책 마련이 미흡"했다(보건복지가족부, 2008)는

뒤늦은 반성을 하기도 했다. 하지만, 이후 5년 단위의 2~4차 기본계획에도 불구하고 2004년 24.8명(/10만 명)이던 자살률은 2009년 31.0명, 2021년 26.0명으로 감소하지 않았다. 지난 20년간 수행된 국가정책에 대한 효과성에 의문을 가질 수밖에 없는 대목이다. 2023년 4월에는 제5차 자살예방기본계획을 발표했다. 목표는 2027년까지 18.2명(/10만 명)으로 줄이는 것이다. 가능할까? 그 18.2명이라는 목표는 아이러니하게도 2004년 수립된 1차 자살예방기본계획 당시 목표와 동일하다. 지난 20년간 이루지 못한 꿈의 목표를 이번엔 달성할 수 있기를 간절히 희망해 본다.

국가는 국민의 생명을 지킬 의무가 있기에 자살예방을 위한 국가적 책임을 다하여야 한다. 하지만 자살예방은 국가의 노력만으로는 이룰 수 없다. 지방정부, 기업, 보건의료체계, 학교, 지역사회 등이 연합하여 자기 역할을 충실히 수행할 때 비로소 그 목적에 가까이, 그리고 빨리 도달할 수 있을 것이다. 또한 서두에 언급했듯, 자살은 철저히 사회적 사건이다. 개인이 아닌 사회의 변화가 선행되어야 비로소 이 문제에서 벗어날 수 있을 것이다. 다 함께, 아니 나 먼저 살만한 세상 만들기에 동참하고자 한다.

차례

일러두기

이 저서는 2022년 대한민국 교육부와 한국연구재단의 지원을 받아
수행된 연구임 (NRF-2022S1A6A3A01094924)

제1장
OECD 1위,
다행히 우리나라 자살률은 감소 중

우리나라의 자살률은 여전히 OECD 1위를 굳건히 지키고 있지만, 다행히도 2011년 정점을 찍은 후 감소추세로 돌아섰다. 하지만 2021년 자살로 스스로 생을 마감한 사람은 13,352명으로 1일 평균 자살사망자는 36.6명에 이른다.

부동의 OECD 1위 자살률

대한민국 국민이라면 누구나 알고 있듯 우리나라 자살률은 경제협력개발기구(Organization for Economic Co-operation and Development, OECD) 회원국 중 1위를 오랫동안 차지하고 있다. 2003년 이후 자살률 1위 자리를 내준 것은 2016~2017년 단 두 해뿐이며, 그마저도 우리나라 자살률이 감소한 것이 아닌 우리나라보다 높은 자살률의 리투아니아가 OECD 회원국에 가입했기 때문이다. OECD Health Statistics 2022에 의하면 2019년 기준 우리나라 자살사망률은 인구 10만 명당 25.4명으로 OECD 평균 11.1명보다 2.3배 높았으며, OECD 국가 중 가장 자살률이 낮은 튀르키에(4.4명/10만 명)보다는 5.8배나 높으며, OECD 평균보다 자살률이 높은 일본(14.6명/10만 명당), 미국(14.7명/10만 명당)보다도 1.7배 높다. 뿐만아니라 한때 우리나라를 제치고 OECD 국가 중 자살률 1위를 차지했던 리투아니아(22.2명/10만 명)보다도 1.14배 높다(보건복지부, 한국보건사회연구원. 2022). 아무래도 '자살 공화국'이라는 오명을 벗으려면 아직 갈 길이 먼 듯 보인다.

자살률은 전통적으로 여자보다는 남자가 더 높다. 그림 2에서 보다시피 2019년 기준 OECD 평균 남자 자살률은 10만 명당 18.0명으로 여자(5.0명/10만 명)보다 3배 이상 높으며, 이러한 양상은 모든 OECD 국가에서 동일하다. 물론, 이런 자살률의 성별 특성은 우리나라도 마찬가지여서 우리나라 남자의 자살률은 인구 10만 명당 38.0명으로 14.9명의 여자보다 2.6배 높다. 하지만 여기서 주목해야 할 점은 우리나라 여자의 자살률이 OECD 1위라는 점이다. OECD 평균 5.0명의 3.0배이며 자살률 2위인 리투아니아 6.8명보다도 2.2배나 높은 압도적 1위라는 의외의 사실이 놀라움과 씁쓸함을 남긴다. 우리나라 남자의 자살률은 OECD 2위이며, OECD 평균 18.0명의 2.1배이다. 앞에서도 언급했듯이 전통적으로 자살률은 남자에서 높았기에, 그동안 여자의 자살률은 그리 심각하지 않은, 덜 중요한 것으로 취급되어온 것이 사실이다. 너무나 당연하다는 듯, 자살률 OECD 1위는 남자의 자살률에 기인한 것이라고 생각했으며, 이를 단 한 번도 의심하지 않았기에 우리나라 여자의 자살률이 OECD 1위라는 사실에, 그것도 2위와의 격차가 상당하다는 사실이 너무나 놀랍고 가슴아프다.

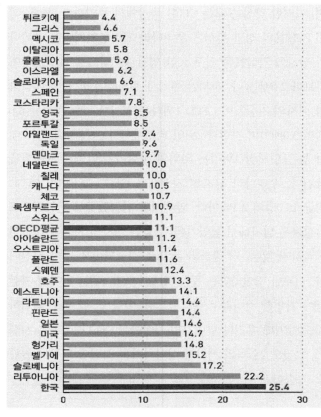

그림 1. OECD 국가의 자살사망률(명/10만 명)

* OECD 평균은 2019년(혹은 인접한 과거 연도)통계가 있는 35개국의 평균임.
* 출처: 보건복지부, 한국보건사회연구원(2022). OECD Health Statistics

2.0	튀르키예	7.0	
1.6	그리스	7.9	
1.9	멕시코	10.0	
2.4	이탈리아	9.6	
2.1	콜롬비아	10.2	
2.5	이스라엘	10.2	
1.9	슬로바키아	12.0	
3.4	스페인	11.3	
2.0	코스타리카	13.8	
4.0	포르투갈	14.1	
3.9	영국	13.4	
4.7	아일랜드	14.3	
4.4	독일	15.3	
5.1	덴마크	14.6	
3.3	칠레	17.3	
6.3	네덜란드	13.9	
5.0	캐나다	16.2	
4.2	체코	17.9	
6.7	룩셈부르크	15.8	
6.3	스위스	16.5	
5.0	OECD 평균	18.0	
4.1	아이슬란드	17.8	
4.8	오스트리아	19.2	
3.0	폴란드	21.1	
7.6	스웨덴	17.5	
6.4	호주	20.4	
5.3	에스토니아	24.5	
6.9	핀란드	22.4	
5.3	라트비아	25.0	
8.3	일본	21.2	
6.3	미국	23.6	
6.8	헝가리	25.2	
8.4	벨기에	22.6	
7.3	슬로베니아	28.5	
6.8	리투아니아	41.2	
14.9	한국	38.0	

■ 여자   ■ 남자

그림 2. OECD 국가의 성별 자살사망률(명/10만 명)

* OECD 평균은 2019년(혹은 인접한 과거 연도)통계가 있는 35개국의 평균임.
* 출처: 보건복지부, 한국보건사회연구원(2022). OECD Health Statistics

우리나라 자살률의 세대별 특성

2021년 자살로 스스로 생을 마감한 사람은 13,352명으로 1일 평균 자살사망자는 36.6명에 이른다. 인구 10만 명당 사망률로 산출하면 2021년 자살률은 26.0명으로 암(161.1명), 심장질환(61.5명), 폐렴(44.4명), 뇌혈관질환(44.0명)에 이어 사망률 순위 5위를 차지했다(통계청, 2022).

표 1. 2021년 사망원인별 사망률 순위(통계청, 2022)

순위	사망원인	사망률	'20년 순위 대비
1	악성신생물(암)	161.1	-
2	심장 질환	61.5	-
3	폐렴	44.4	-
4	뇌혈관 질환	44.0	-
5	고의적 자해(자살)	26.0	-
6	당뇨병	17.5	-
7	알츠하이머병	15.6	-
8	간질환	13.9	-
9	패혈증	12.5	⬆ (+1)
10	고혈압성 질환	12.1	⬇ (-1)

• 출처: 통계청(2022). 2021년 사망원인통계 결과 보도자료

연령군별로 살펴보면, 자살은 10~30대에서 1위이고, 40~50대에서 2위, 60대에서 4위로 70대 이상 노인과 영-유아를 제외한 모든 연령군에서 사망률 순위 상위를 차지하는 매우 중요한 공중보건학적 문제이다. 특히 청소년-청년인 10~30대는 해당 연령군의 사망자 2명 중 1명이 자살로 사망했을 만큼, 전체 사망에서 자살이 차지하는 비중이 크다. 하지만 청소년-청년의 자살만큼이나 중년의 자살도 심각해서 40대는 4명 중 1명이, 50대는 10명 중 1명이 자살로 생을 마감했다. 우리나라에서 자살은 특정 연령군에만 편중된 문제가 아닌, 전 연령군에 펼쳐진 중대한 보건문제임을 보여준다.

자살률 추이, 2011년 정점 찍고 감소 중?

우리나라의 자살률은 여전히 OECD 1위를 굳건히 지키고 있지만, 1983년 10만 명당 8.7명으로 처음 집계된 이후 1990년대 초반부터 가파르게 증가하다 2011년 31.7명으로 정점을 찍은 후 감소추세로 돌아섰다. 하지만 2017년까지 이어지던 감소는 2018년 다시 증가했고 이후 남자는 감소 후 정체현상을 여자는 소폭이지만 확실한 증가 양상을 보이고 있다(통계청, 2023). 영국의 주간지 이코노미스트는 18개국 40세 미만

표2. 2021년도 연령별 5대 사망원인별 사망률 및 구성비

(단위: 인구 10만 명당, %)

	1위	2위	3위	4위	5위
0세	출생전후기에 기원한 특정병태 117.9명 (48.9%)	선천 기형, 변형 및 염색체 이상 37.0명 (15.3%)	영아돌연사 증후군 19.3명 (8.0%)	가해 (타살) 5.4명 (2.2%)	심장질환 2.7명 (1.1%)
1-9세	악성신생물 1.7명 (20.9%	가해 (타살) 0.7명 (9.4%)	운수사고 0.6명 (7.7%)	선천 기형, 변형 및 염색체 이상 0.5명 (6.6%)	추락사고 0.5명 (6.3%)
10-19세	고의적 자해 (자살) 7.1명 (43.7%)	악성신생물 2.3명 (14.2%)	운수사고 1.9명 (11.4%)	심장 질환 0.5명 (3.0%)	뇌혈관 질환 0.4명 (2.5%)
20-29세	고의적 자해 (자살) 23.5명 (56.8%)	운수사고 4.1명 (9.8%)	악성신생물 3.5명 (8.6%)	심장 질환 1.3명 (3.1%)	뇌혈관질환 0.5명(1.2%)
30-39세	고의적 자해 (자살) 27.3명 (40.6%)	악성신생물 11.4명 (17.0%)	심장 질환 3.7명 (5.6%)	운수사고 3.5명 (5.2%)	간 질환 3.0명 (4.4%)
40-49세	악성신생물 38.1명 (27.7%)	고의적 자해 (자살) 28.2명 (20.5%)	간 질환 11.6명 (8.4%)	심장 질환 10.0명 (7.2%)	뇌혈관 질환 8.1명 (5.9%)
50-59세	악성신생물 105.2명 (35.4%)	고의적 자해 (자살) 30.1명 (10.1%)	심장 질환 23.5명 (7.9%)	간 질환 22.9명 (7.7%)	뇌혈관 질환 17.0명 (5.7%)
60-69세	악성신생물 267.3명 (41.4%)	심장 질환 51.0명 (7.9%)	뇌혈관 질환 40.1명 (6.2%)	고의적 자해 (자살) 28.4명 (4.4%)	간 질환 26.5명 (4.1%)
70-79세	악성신생물 649.7명 (34.7%)	심장 질환 171.4명 (9.2%)	뇌혈관 질환 141.1명 (7.5%)	폐렴 123.2명 (6.6%)	당뇨병 60.4명 (3.2%)
80세 이상	악성신생물 1342.4명(17.1%)	심장 질환 917.1 (11.7%)	폐렴 791.7명 (10.1%)	뇌혈관 질환 607.7명 (7.7%)	알츠하이머병 339.2명 (4.3%)

* 연령별 사망원인 구성비=(해당 연령의 사망원인별 사망자 수/해당 연령의 총 사망자 수) x 100

여성의 2018~2020년 자살률 통계를 분석한 결과, 2018년 한국이 OECD 회원국 중 자살률 1위에 다시 오르게 된 것은 한국 여성의 높은 자살률 영향이라고 분석했다. 즉, 젊은 여성의 자살률 증가가 전체 자살률의 증가로 이어졌고, 다시 자살률이 OECD 1위로 올라섰다는 해석이다. 더불어 한국 여성의 자살률 증가 원인 중 하나로 가사노동, 독박육아, 맞벌이 등 성차별적 문화를 지목하면서, 근본적인 원인 해결을 위한 진지한 계획을 주문했다(The Economist, 2023). 이처럼, 남자 자살률 증가 없이 여자의 자살률이 증가하는 것은

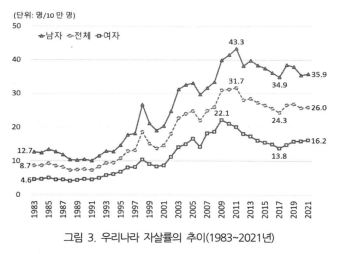

그림 3. 우리나라 자살률의 추이(1983~2021년)

* 자료원: 통계청(2023). 사망원인통계

세계적으로도 이례적인 현상이라고 볼 수 있다.

참고문헌

보건복지부, 한국보건사회연구원. 2022. OECD Health Statistics
통계청. 2023. 사망원인통계. URL: https://kosis.kr/index/
통계청. 2022. 2021년 사망원인통계 결과 보도자료
The Economist. 2023.5.22. South Korea's suicide rate fell for years.
　　　Women are driving it up again. url: https://www.economist.com/
　　　graphic-detail/2023/05/22/south-koreas-suicide-rate-fell-for-
　　　years-women-are-driving-it-up-again (검색: 2023.7.30)

제2장
자살률은 정말 감소하나?

최근 우리나라 자살률의 변화에는 '성별'이라는 요인이 영향을 미친다. 뿐만아니라 자살률 추이를 생애주기별로 분류하여 관찰하면, 자살률 감소에도 불평등이 존재한다.

자살률 감소의 불평등

우리나라 자살률은 2011년 인구 10만 명당 31.7명으로 정점을 찍고 감소추세로 전환되었으며, 2021년에는 26.0명 (/10만 명)으로 지난 10년간 5.7명이 감소했다. 앞 장에서 최근 우리나라 자살률이 OECD 1위를 차지하는 것에는 여성의 자살률 증가가 기인했다는 영국 이코노미스트의 보도를 소개하였다. 이는 최근 우리나라 자살률의 변화에는 '성별'이라는 요인이 영향을 미친다는 것을 의미한다. 뿐만아니라 자살률 추이를 생애주기별로 분류하여 관찰하면, 자살률 감소에도 불평등이 존재함을 확인할 수 있다. 생애주기는 아동 및 청소년(20세 미만), 청년(20~39세), 중년(40~64세), 그리고 노인(65세 이상)으로 분류하였다.

자살사망자는 10년간 16.1% 감소

그림 4는 최근 20여 년간 우리나라 생애주기별 자살사망자 수 추이를 보여준다. 자살률이 가장 높았던 2011년 총자살사망자는 15,906명으로 일 평균 43.6명이 자살로 생을 마감하였으나, 10년 후인 2021년에는 총 13,352명(일 평균 36.6

명)으로 2,554명 줄었다. 10년간 인구증가를 고려하더라도 자살사망자는 확실히 줄었다. 2021년 기준 생애주기별 자살 사망자의 분포는 아동-청소년 2.6%, 청년 25.6%, 중년 44.7%, 노인 27.1%로 중년이 자살사망자의 절반 가까이 차지한다. 이 분포는 2011년과 유사하나 좀 더 자세히 들여다보면 아동-청소년(2.3%→2.6%)과 중년(43.9%→44.7%)은 증가, 청년 (26.1%→25.6%)과 노인(27.7%→27.1%)은 감소하였다(통계청. 사망원인통계). 하지만 이는 인구구조 변화를 보정하지 않은 것으로, 저출산과 고령화 영향을 보정하면 감소하는 자살률의 이면이 보인다.

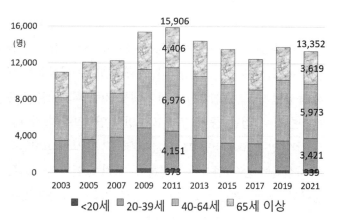

그림 4. 생애주기별 2003~2021년 자살사망자 추이 (단위:명)

생애주기별 자살률 추이

자살률의 변화를 보다 과학적으로 분석하려면 변화하는 인구구조를 보정한 연령표준화 자살률로 살펴보아야 한다. 특히 우리나라는 2023년 2분기 합계출산율[1]이 0.7명으로 전년도 0.76명보다도 0.6명 감소(통계청, 인구동향조사)하여 날마다 출산률 쇼크를 경험하고 있으며, 세계적으로도 유래 없이 빠르게 고령화되는 나라이므로 자살률의 추이 판단을 위해서 연령표준화는 필수이다.

그림 5는 우리나라 20세 이상 성인의 생애주기별 자살률의 20년간 추이이다. 아동-청소년의 자살률은 전체 자살률에서 차지하는 규모가 크지 않으므로 본 장에서는 다루지 않기로 하였다. 제4~5장에서 청소년의 자해와 자살을 중심으로 구체적으로 다룰 예정이다. 생애주기별로 자살률이 가장 높았던 연도는 다르나, 전체 자살률 기준 최고점을 찍은 2011년 기준, 청년, 중년, 그리고 노인의 연령표준화 자살률은 각각 인구 10만 명당 27.5명, 38.0명, 77.2명으로 고령일수록 자살률이 높은 양상이 뚜렷하다. 특히 노인의 자살률은 청년의 2.8배, 중년의 2.0배로 상당히 위험한 수준이었다.

---

1) 합계출산율(Total fertility rate): 15~49세 가임기 여성 한 명이 평생 낳을 것으로 예상되는 출생아 수

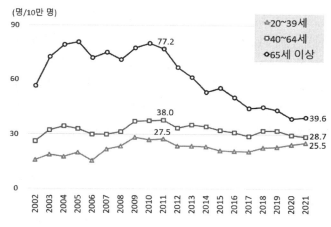

(명/10만 명)

◇20~39세
□40~64세
●65세 이상

77.2

38.0

27.5

39.6

28.7

25.5

그림 5. 성인의 생애주기별 연령표준화 자살률 추이

(단위: 명/10만, 자료원: 통계청. 사망원인통계)

1990년대 후반부터 급격히 증가한 노인자살률은 고령화와 맞물려 한국 사회의 가장 큰 보건문제로 대두되었다. 이런 문제의식은 노인 대상의 자살예방 연구와 보건사업(정진영 등, 2016)을 적극적으로 수행하도록 하였고, 이런 노력은 10년 후인 2021년 자살률은 39.6명까지 낮춰 2011년 대비 48.7% 감소시키는 결과를 이끌었다고 평가된다.

반면, 같은 기간 중년의 자살률은 2011년(38.0명/10만 명) 대비 24.5%(2021년 28.7명/10만 명), 청년의 자살률은 2011년(27.5명/10만 명) 대비 7.3%(2021년 25.5명/10만 명) 감소에 그쳤다. 즉, 우리나라 자살률의 감소는 노인의 자살률 감소가 가장 큰 영향을 미치는 것으로 해석할 수 있다. 물론, 전체 자살사망자의 절반 가까이 차지하는 중년의 자살률이 1/4이나 감소한 것은 상당한 성과라 평가할 수도 있겠지만, 경제적, 사회적 측면에서 좁게는 가정과 직장의, 넓게는 국가의 중심을 지탱하는 중년 세대의 자살 요인을 충분히 해소하지 못하고 있다는 점에서 자살사망 감소를 위해 남은 과제가 아직 산적해 있음을 보여준다.

그림 6과 7은 생애주기별 연령표준화 자살률 추이를 남녀로 층화한 것이다. 성인 남자의 생애주기별 자살률 추이를 살펴보면 2011년 130.5명(/10만 명)이던 남성 노인 자살률은 10년 후 49.2% 감소했으며, 중년남성은 26.3%, 청년은 9.5% 감소했다(그림 6). 자살률 자체의 규모 차이는 있지만 남자의 생애주기별 자살률의 추이는 전반적으로 전체 인구의 생애주기별 자살률 추이와 같은 양상을 보임을 알 수 있다.

반면 여자의 생애주기별 자살률은 남자와는 확실히 다른 양상이 관찰된다(그림 7). 남자의 경우 규모의 차이는 있으나 모든 생애주기의 자살률이 감소하고 있다. 또한 노인 자살률의 보다 큰 감소로 생애주기별 격차가 빠르게 줄고 있으나, 2021년 현재시점에도 여전히 격차는 존재한다. 2021년 기준 남성 노인의 10만 명당 자살률(66.6명)은 중년(41.0명)보다 1.6배, 청년(30.4명)보다 2.2배 높다.

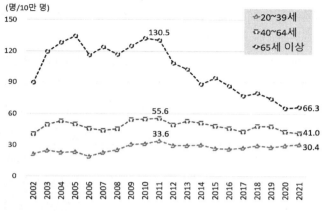

그림 6. 성인 남자의 생애주기별 연령표준화 자살률 추이

(단위: 명/10만, 자료원: 통계청. 사망원인통계)

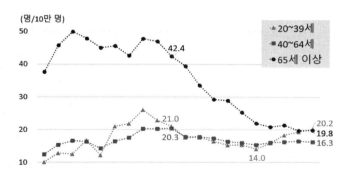

그림 7. 성인 여자의 생애주기별 연령표준화 자살률 추이

(단위: 명/10만, 자료원: 통계청. 사망원인통계)

주목해야 할 여성 청년의 자살률

여자의 생애 주기별 자살률은 2021년 19.8명(/10만 명)으로 남자와는 확실히 다른 양상이 관찰된다(그림 7). 여자 노인의 자살률은 2021년 19.8명(/10만 명)으로 남자 노인의 1/3 수준이지만, 2011년 대비 감소율은 53.3%로 남자 노인과 유사하다. 하지만 청년과 중년의 자살률 추이는 남자와는 분명한 차이를 보인다. 2021년 중년과 청년 여성의 자살률은 각각 16.3명(/10만 명)과 20.2명(/10만 명)으로 2011년 대비 19.7%, 3.8% 줄었다. 여기서 눈에 띄는 한 가지는 2011~2018년까지 중년 여성과 청년의 자살률이 거의 비슷했으나 2018년을 기점으로 여성 청년의 자살률이 확실한 증가 추세로 돌아섰다는 점이다. 남녀를 모두 통틀어 성인 세대 중 확실한 증가추세를 보인다는 특징이 두드러진다. 청년 여성의 자살률 상승세는 매우 가팔라서 2019년에는 중년의 자살률을, 2021년에는 비록 0.4명(/10만 명) 차이이지만 노인 자살률을 넘어섰다. 일반적으로 고령일수록 자살률이 높다고 알려져 있다. 하지만 2021년 기준 우리나라 여자의 자살률은 이러한 기존의 규칙을 깼다. 자살률 감소라는 달콤한 성과 이면에는 주목받지 못한 채 여성 청년이 소외되고 있다.

참고문헌

통계청. 2023. 2002~2021년도 사망원인통계. https://kosis.kr/statHt
　　　ml/statHtml.do?orgId=101&tblId=DT_1B34E01&conn_path=I3

통계청. 2023. 2023년 6월 인구동향 보도자료. https://kostat.go.kr/
　　　board.es?mid=a10301010000&bid=204&list_no=426810&act=
　　　view&mainXml=Y

정진영, 김동현. 2016. 독거노인 자살예방사업의 효과 평가-서울시
　　　노원구 사례. *대한보건연구*, 42(3):39-52.

제3장
자살생각, 자살계획, 자살시도로 이어지는 절망의 사슬고리

'죽고 싶다'는 생각은 어느새 자살계획으로, 그리고 자살
시도로 이어진다. 이 시도가 성공하면 자살사망자가, 실패하
면 자살시도자가 된다.

자살생각 → 계획 → 자살시도로 발전

  과도한 업무에 시달리던 신입 공무원의 자살, 직장내 괴롭힘으로 인한 어느 신문사 기자의 자살 기사에는 '직장을 그만 두지, 그깟 직장이 뭐라고 자살까지 할까?'라는 댓글이 늘 달려있기 마련이다. 안타까운 심정을 표현한 것임은 잘 안다. 하지만, 인간은 빈곤, 실직 등 감당할 수 없는 사건에 휘말리기 시작하면 합리적인 판단을 하기가 힘들어진다. 고통에서 탈출하기 위한 수단으로 머릿속은 온통 죽음 생각뿐 다른 해결방법을 생각할 수 없는 무력감 때문에 퇴사가 아닌 자살을 선택하게 되는 것이다. '죽고 싶다'는 생각은 어느새 자살계획으로, 그리고 자살시도로 이어진다. 이 시도가 성공하면 자살사망자가, 실패하면 자살시도자가 된다.

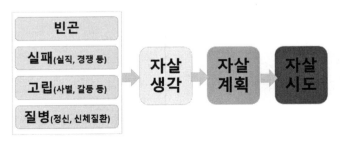

그림 8. 자살행동 동기와 자살행동 과정

2021년 기준, 우리나라 청소년(중·고등학교 재학생)의 자살생각률은 12.7%, 자살계획률은 4.0%, 자살시도율은 2.2%이다. 8명 중 1명이 최근 1년간 자살을 생각해 본적이 있고, 그들 중 31.5%는 자살을 계획해봤고, 자살계획자 중 절반은 실제 자살을 시도했다. 자살생각-계획-시도 모두 여학생이 높다. 또한 최근 증가추세다(질병관리청, 2021). 사회가 요구하는 청소년의 학업수준은 성인도 견뎌내기 어려운 무게다. 온종일 학업에 묻혀 쌓인 스트레스와 우울감은 자해(자살), 집단따돌림, 폭력, 성범죄, 마약 복용 등과 같은 사회병

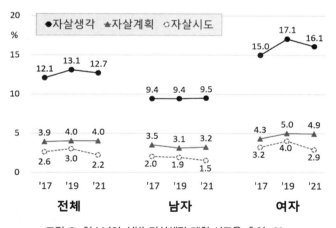

그림 9. 청소년의 성별 자살생각-계획-시도율 추이, %

* 출처: 질병관리청. 2017~2021년 청소년건강행태조사

리적 현상으로 표출되기도 한다.

성인은 2021년 기준, 자살생각-계획-시도 각각 4.3%, 1.3%, 0.5%로 청소년의 절반 수준이다. 하지만 여자의 자살행동이 남자보다 높은 건 청소년과 같다. 그나마 다행인 것은, 성인남자의 자살생각률과 자살시도율이 감소추세를 보인다는 점이다.

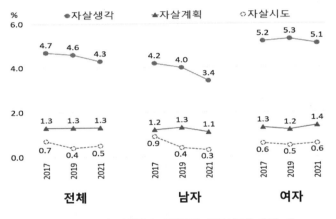

그림 10. 성인의 자살생각, 자살계획, 자살시도율 추이, %

• 출처: 보건복지부-한국생명존중희망재단. 2023 자살예방백서

성인의 자살행동을 생애주기별2)로 살펴보면, 젊은층(청

---

2) 청년기는 19~29세, 장년기 30~49세, 중년기 50~64세, 노년기 65세 이상으로 분류됨

장년)은 높아지고, 중-노년은 감소하는 세대간 상반된 양상을 보였다. 2021년 청년의 자살생각, 자살계획, 자살시도 모두 이후 세대보다 높았을 뿐 아니라, 모든 세대 중 유일하게 계속 증가하는 세대다. 이는 2010년대 후반부터 증가하고 있는 20대 자살률과 높은 상관성을 가진다. 자살연구는 자살사망자를 대상으로 직접 수행할 수 없다. 그렇기에 자살생각이나 자살시도 등 자살행동은 자살원인 규명을 위한 자살의 대리지표 역할을 한다.

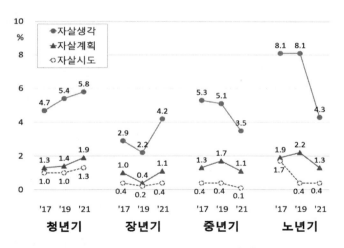

그림 11. 생애주기별 자살생각-계획-시도율 추이, %

* 출처: 보건복지부-한국생명존중희망재단. 2023 자살예방백서

자살사망자 3개의 사건을 동시에 경험

어떤 고통 때문에 자살을 선택하는가? 아니, 자살로 내몰리나? 경찰청 통계에 따르면, 2021년 자살사망자의 자살원인 1위는 정신적-정신과적 문제로, 전체 자살사망자의 39.8%에 달한다. 2위는 경제적 문제(24.2%), 3위는 육체적 질병문제(17.8%) 순이다. 하지만, 남녀 간 자살원인은 많이 다르다. 여자는 정신적 문제가 압도적으로 많은 반면, 남자는 경제적 문제나 육체적 질병도 큰 비중을 차지한다.

표 3. 2021년도 성별 자살 동기 현황, 단위: 명

자살동기	전체	남자	여자
정신적-정신과적 문제	5,258	2,918	2,340
경제생활문제	3,190	2,750	440
육체적 질병문제	2,343	1,697	646
가정문제	879	618	261
직장 또는 업무상의 문제	496	398	98
이성문제	281	159	122
사별문제	117	76	41
학대-폭력문제	8	4	4
기타	300	225	75
미상	333	250	80
전체	13,205	9,095	4,107

* 출처: 경찰청. 2017~2021 경찰통계연보

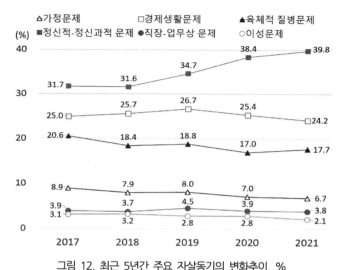

그림 12. 최근 5년간 주요 자살동기의 변화추이, %

* 출처: 경찰청. 2017~2021 경찰통계연보

위 그림은 최근 5년간 자살동기 변화추이를 보여준다. 가장 눈에 띄는 것은 정신과적 문제의 증가추세이다. 2017년 31.7%에 비해 8.1%p나 늘어났다. 자살사망자의 정신건강 문제는 심리부검[3] 면담 분석에서도 잘 드러난다. 심리분석

---

3) 심리부검은 자살 유족의 진술과 기록을 통해 자살사망자의 심리행동 양상 및 변화를 확인하여 자살 원인을 추정-검증하는 체계적인 조사방법이다. 본 장에서는 2015~2021년 7년간 자살사망자 801명의 심리부검 결과를 인용하였다.

을 통해 자살사망자의 88.6%가 정신과 질환을 받았거나 질환이 있었을 것으로 추정한다. 하지만 대부분은 정신적 문제가 자살의 직접 원인이 아니다. 자살사망자는 가족관계, 경제문제, 직업 스트레스 등 평균 3.1개의 사건을 동시에 겪으며, 자살자의 절반은 도움을 얻기 위해 자살상담기관, 병의원, 행정기관, 금융기관, 법률기관 등을 방문한다(한국생명존중희망재단, 2022). 즉, 정신적 문제는 감당하기 힘든 여러 개의 스트레스 사건에 노출된 후 자살이라는 결정에 도달하는 과정에서 얻은 또 하나의 위험요인일 뿐이다.

자살사망자 절반의 자살수단은 '목맴'

2021년 자살자망자의 절반은 '목맴'을 자살수단으로 사용하였다. 2위는 추락(투신), 3위는 가스중독, 4위는 농약중독 순이다. 목맴은 2000년대 중반부터 빠르게 늘어났으며 20년 이상 자살수단 1위를 차지하고 있다. 1~3위 수단을 사용한 자살이 전체의 83%를 차지한다(그림 13). 성별로 분류하여 살펴보면, 남녀 모두 목맴이 1위이며, 남녀 모두 목맴에 의한 자살이 절반 가량 차지하며, 남자는 번개탄에 의한 가스중독이 여자보다 많고, 여자는 추락(투신)에 의한 자살이 남자보다 많다.

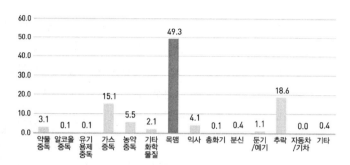

그림 13. 2021년 자살사망자의 자살수단, 단위: %

* 출처:보건복지부·한국생명존중희망재단. 2023 자살예방백서

표 4. 2021년 성별 자살사망자의 자살수단, 명(%)

자살수단	남자	여자
총합계	9,095(100.0)	4,107(100.0)
목맴	4,737(52.1)	1,828(44.5)
추락	1,395(15.3)	1,116(27.2)
가스중독	1,569(17.3)	408(9.9)
음독	833(9.2)	492(12.0)
익사	268(2.9)	151(3.7)
총포·도검·폭발물	95(1.0)	28(0.7)
소사·전기	34(0.4)	7(0.2)
기타	164(1.8)	74(1.8)

* 출처: 경찰청. 2021 경찰통계연보

생애주기별 특이점은, 고령일수록 목맴의 비중이 높고 (20~34세 44.9%, 35~49세 54.1%, 50~64세 55.1%, 65세 이상 57.0%), 청년(20~34세)은 타 연령군 대비 목맴은 적고 추락 (투신)은 많으며, 중년(35~49세)은 가스중독이 모든 연령군 중 가장 많다는 점이다. 자살도구(끈, 농약, 번개탄 등)를 없애는 것은 충동적인 자살예방에 매우 효과적이다. 혹시, 자살을 암시하는 가족이, 친구가, 또는 이웃이 있다면 꼭 기억하기 바란다.

자살의 정확한 원인분석을 목적으로 2015년 심리부검이 도입되어, 800명 이상의 자살자 심리부검을 실시하였다. 그러나 자살의 진짜 이유는 아무도 모른다. 자살은 매우 복잡한 인간의 심리가 반영된 것인데, 왜 자살했는지 말해 줄 사람은 이미 죽고 없다. 우리가 이유라고 하는 것들은 죄다 주변인을 통해 얻어낸 추측에 불과하다.

참고문헌

경찰청. 2017~2021 경찰통계연보
보건복지부, 한국생명존중희망재단. 2022. 2021 심리부검 면담 결과
　　　　보고서
질병관리청. 2017~2021년 청소년건강행태조사
보건복지부·한국생명존중희망재단. 2023 자살예방백서

제4장
자해하는 청소년

청소년의 자해가 성인과 구별되는 지점은 자살의도가 없는 자해를 한다는 것이다. 그러나 자해는 중독이 되므로, 비록 자살의도가 없더라도 비자살적 자해는 자살에 점점 가까워지게 된다.

청소년 사망의 절반은 자살

1990년대 중후반부터 현재까지 4반세기 가량 우리나라의 가장 중요한 정신건강 문제는 높은 자살률이었다. 청소년도 예외는 아니어서 자살은 10대의 사망원인 1위로, 2021년 10~19세 총사망자의 43.7%인 338명이 자살로 스스로 생을 마감하였다 (통계청, 2022). 아래 그림 14는 15~19세의 전체사망률과 자살사망률의 약 40년간의 추세이다. 우리나라 사망률이 처음 집계된 1983년 15~19세의 자살사망률은 10만 명당 6.7명으로 전체사망률 139.0명의 4.8%였으나, 2021년에는 11.0명으로 전체사망률 22.4명의 49.1%를 차지한다. 즉, 1983년에는 사망한 15~19세 20명 중 1명이 자살로 생을 마감했으나, 2021년에는 15~19세 사망자 2명 중 1명이 "자살"로 생을 마감하는 비극적인 사회가 되었다. 15~19세 자살률은 1983년 6.7명에서 출발해 2021년에는 11.0명으로 증가해 1983년의 1.64배 수준으로 높아졌다. 하지만 확실한 증가추세로 돌아선 것은 2015년부터로, 비교적 최근이라고 할 수 있다.

그림 15는 조금 더 낮은 연령인 10~14세를 포함한 10대의 성별 자살사망률이다. 성별 격차가 줄었다 늘었다 하지만 2017년까지는 남자의 자살률이 높았다. 하지만 2018년

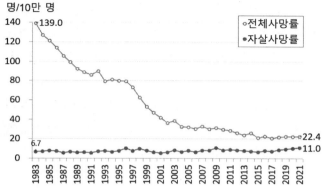

그림 14. 우리나라 15~19세 청소년의 전체사망률과
자살사망률의 경시적 추이 (명/10만 명)

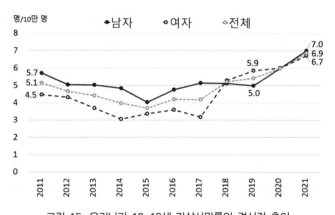

그림 15. 우리나라 10~19세 자살사망률의 경시적 추이

(명/10만 명)

남녀 자살률이 역전되는 전 세계적으로 보기 드문 현상이 관찰되며 이후 엎치락뒤치락하며 남녀 10대 청소년 자살률이 동반 상승하고 있다. 앞장에서 2018년을 기점으로 20~30대 젊은 여성의 두드러진 자살률 증가에 주목해야 함을 강조한 바 있다. 10대 자살률을 분석한 결과, 20~30대 여성의 자살률 증가는 10대 여성 청소년 자살률 증가의 연장선상에서 그 원인을 탐색해야 할 것이다.

청소년 5명 중 1명은 자해해봤다!

전 세계적으로 청소년의 12개월 비자살성 자해(prevalence of non-suicidal self-injury, NSSI)는 19.5%(Lim, K.S. 등, 2016)로, 대학생보다 1.5배, 성인보다 3.5배(Swannell, S.V. 등, 2014) 높다고 알려져 있다. 이는 청소년기 비자살성 자해가 전 세계적으로 상당히 보편적인 현상이지만, 어느 연령대보다 청소년기에 중요한 보건문제임을 잘 보여준다. 비록 자살의도는 없지만 장기간의 반복적인 비자살성 자해는 자살생각, 자살시도, 그리고 자살사망을 현저하게 증가시키기 때문이다. 자해는 일반적으로 심리적인 문제에서 출발하지만 스스로 신체에 손상을 입힌다는 점에서 무엇보다 예방이 중요하다.

하지만 그간 우리나라의 경우 높은 청소년 자살률로 인해 비자살성 자해는 청소년 시기의 일탈 정도로 인지되었기에, 비자살적 자해가 가지는 문제의 크기에 비해 중요시되지 않은 것이 사실이다. 정신장애 진단 및 통계편람 DSM-5의 진단기준(2013)을 살펴보면, 비자살성 자해는 지난 1년 동안 5일 이상 신체표면에 고의적으로 상처, 출혈, 고통을 유발하는 행동을 자신에게 하고, 경도 또는 중등도의 신체적 손상을 유발하려는 의도에 의한 것으로써 자살의도가 없어야 한다. 즉, 비자살성 자해를 개념적으로 구분할 수 있는 기준은 죽음에 대한 의도이다. 죽음에 대한 의도 여부에 따라 비자살성 자해와 자살시도로 구분된다.

청소년 비자살성 자해는 세계적으로 국가 간 유의미한 차이가 없다고 보고되고 있다. 하지만 메타분석 및 리뷰논문을 통해 청소년 자해율의 범위가 상당함을 확인할 수 있다. 그림 16은 Lim, K.S 등(2019)이 수행한 1989년~2018년 발표된 청소년 자해 논문의 메타분석의 결과로 비자살성 자해 평균은 19.5%이나 낮게는 4.8%에서 높게는 53.6%까지 연구별로 격차가 상당함을 보여준다. 우리나라도 다르지 않아서, 중고등학생의 비자살성 자해율은 5.9%~22.8%로 조사대상에 따라 차이를 보인다.

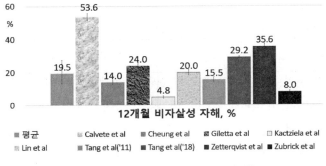

그림 16. 청소년의 12개월 자살비의도 자해율, %

  본 저자는 2018년 우리나라 수도권 1개 소도시 중고등학
생의 비자살성 자해율을 조사한 바 있다(JY Jeong, DH Kim,
2021). 무작위 집락표본추출로 참여자(약 2,000명)를 선정하
였기에, 해당 도시의 중고생을 대표하는 표본이라고 할 수
있다. 본 연구결과를 바탕으로 청소년의 비자살성 자해율과
원인을 탐색해 보고자 한다.

  조사결과 12개월 비자살성 자해 경험이 있는 학생은
8.8%였으며, 여학생이 13.4%로 남학생 4.7%보다 2.85배 높
았다. 남녀 모두 중학생의 자해율이 높았으나, 학교급별 격
차는 여학생(중 15.8%, 고 10.2%)이 5.6%p로 남학생(중
5.1%, 고 4.1%) 1%p에 비해 유의하게 높았다. 우리가 조금
더 관심있게 살펴봐야 할 것은 여학생의 자해율로, 중2의

경우 5명 중 1명(19.3%)이 자해를 시도했으며, 고등학생이
되어도 10%대를 유지한다는 점이다. 반면 남학생은 고3이
되면 1.9%로 낮아진다.

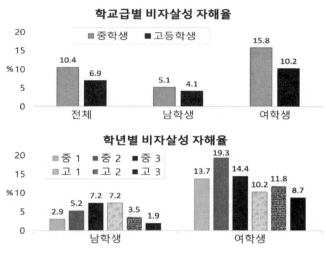

그림 17. 수도권 1개 소도시 중고등학생의 학교급 및
학년별 비자살성 자해율, %

   자해는 아동 및 청소년 초기(12~14세)에 시작해 청소년
중기(15~16세)에 최고조에 이르고 청소년 후기(약 18세)에
감소(Plener, P.L 등, 2015)하며, 초기 성인기까지 이어진다고
(Andover, M.S 등, 2020) 알려져 있다. 국내 선행연구에 따르

면 여자의 최초 자해 시기는 12.4세(이동귀 등, 2016)로 남자 13.9세(박문숙 등, 2020)에 비해 1~2년 빠르다. 본 조사를 통해 파악된 청소년 자해유병률이 가장 높은 시기도 여자는 중2(14세)로 남자 중3~고1(15~16세)보다 빠르다. 정리하면, 남자는 중학교 때 시작해서 고등학교 때 중단하는 완만한 정규분포 형태인 반면, 여자는 조금 더 이른 시기에 시작해서 가파르게 증가하며 초기 성인기까지 이어지는 양상을 띤다.

비자살성 자해도 자살에 가까워진다

청소년의 자해가 성인과 구별되는 지점은 자살의도가 없는 자해를 한다는 것이다. 그러나 자해는 중독이 되므로, 비록 자살의도가 없더라도 비자살적 자해는 자살에 점점 가까워진다. 비자살적 자해 경험이 있는 청소년의 경우 2명 중 1명은 자살생각을 해보았으며, 4명 중 1명은 자살계획 및 자살시도를 경험한 것으로 드러났다(그림 18). 성별로 층화해보면, 비자살성 자해를 시도한 여성 청소년의 30.5%가 동일 기간에 자살을 시도했다고 보고했다. 이는 남자 청소년 11.1%의 3배에 달하는 수치다.

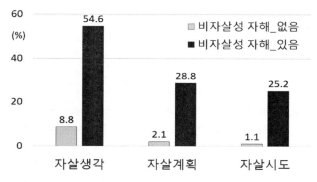

그림 18. 비자살성 자해 경험에 따른 자살생각, 자살계획,
자살시도율의 차이, %

Valencia-Agudo 등(2018)은 지역사회 청소년 대상 전향적 연구 39편을 분석하고 사회인구학적 요인 중 '여성'이 비자살성 자해를 가장 확실히 예측하는 요인임을 밝혔다. 그 이유 중 하나로 여성 청소년은 비자살성 자해와 가장 관련이 높다고 알려진 부정적 감정(우울, 스트레스 등)에 쉽게 노출되기 때문이라고 해석했다. 본 연구에서도 여학생의 우울감 경험률은 34.2%, 스트레스 인지율 48.5%로 남학생의 20.9%, 32.0%보다 높았다. 여학생의 정신건강은 최근 급격히 높아지는 여성 청소년 및 청년의 자살률을 설명하는 요인이 될 것이다. 다음 장에서는 청소년의 자해 원인을 탐색해 보자.

참고문헌

통계청. 2023. 1983~2021년도 사망원인통계.

Lim, K.S., Wong, C.H., McIntyre, R.S., Wang, J., Zhang, Z., Tran, B.X. et al. 2019. Global lifetime and 12-month prevalence of suicidal behavior, deliberate self-harm and NSSI in children and adolescents between 1989 and 2018: A Meta-Analysis. *Int J Environ Res Public Health*, 19; 16, 4581. doi:10.3390/ijerph16224581.

Swannell, S.V., Martin, G.E., Page, A., Hasking, P., St John, N.J. 2014. Prevalence of nonsuicidal self-injury in nonclinical samples: Systematic review, meta-analysis and meta-regression. *Suicide and Life Threatening Behaviors*, 44, 273–303.

American Psychiatric Association. 2013. Diagnostic and statistical manual of mental disorders, (DSM-5). American Psychiatric Pub: Washington, DC.

JY Jeong, DH Kim. 2021. Gender Differences in the Prevalence of and Factors Related to Non-Suicidal Self-Injury among Middle and High School Students in South Korea. *Int. J. Environ. Res. Public Health*, 18. 5965.

Plener, P.L., Schumacher, T., Munz, L., Groschwitz, R. 2015. The longitudinal course of non-suicidal self-injury and deliberate self-harm: a systematic review of the literature. *Borderline Personal Disord Emot Dysregul*, 2. 2. doi: 10.1186/s40479-014-0024-3.

Andover, M.S., Primack, J.M., Gibb, B.E., Pepper, C.M. 2020. An examination of non-suicidal self-Injury in men: Do men differ from women in basic NSSI characteristics? *Arch Suicide Res*, 14. 79–88.

이동귀, 함경애, 배병훈. 2016. 청소년 자해행동: 여중생의 자살적

자해와 비자살적 자해. *한국심리학회지:상담 및 심리치료,*
28. 1171-1192.
박문숙, 서영석, 안하얀. 2020. 특성화고등학교 남학생들의 비자살적
자해 실태 및 동기에 관한 연구. 청소년상담연구, 28:459-491.
Valencia-Agudo, F., Burcher, G.C., Ezpeleta, L., Kramer, T. 2018.
Non-suicidal self-injury in community adolescents: A systematic
review of prospective predictors, mediators, and moderators.
J Adol, 65. 25-38.

제5장
청소년 자해의 원인
: 성적, 경제적 박탈감, 그리고 또래관계

청소년들은 심리적 고통에서 일시적으로 도피하기 위한 감정을 자해로 표현하면서도 이를 멈추고 싶어한다. 청소년의 자해는 '살고싶다', '도와달라'는 SOS 신호이다.

우리나라 청소년 5명 중 1명이 자해를 시도할 만큼 흔하지만, 비자살적 자해도 반복되면 자살에 가까워진다는 심각성을 강조하였다. 이번 장에서는 본 저자가 수행한 우리나라 수도권 1개 소도시 중고등학생의 비자살성 자해 실태조사의 결과를 바탕으로 청소년 자해 원인을 탐색하고자 한다(JY Jeong, DH Kim, 2021). 본 연구에서는 학급성적, 경제적 수준, 게임이용장애, 괴롭힘(왕따), 우울감이 자해 관련요인으로 분석되었다.

공부 잘하는 남학생 자해 위험 높다

　성적은 남학생의 자해 관련 요인으로, 성적 상위권 학생의 자해 위험이 가장 높았으며, 낮은 성적도 자해 위험을 높인다. 선행연구들은 낮은 성적과 학업 스트레스가 자해(자살)에 영향을 미치지만, 직접이 아닌 우울, 불안, 무력감, 분노 등 부정적 정서를 매개로 하며, 성적 자체보다는 학업에 대한 과중한 부담으로 인한 학업 스트레스가 자해(자살)을 더 잘 설명한다고 보고했다. 전영상과 최영신(2017)은 학업성적이 부모와 자녀의 행복에 미치는 영향을 조사하였다. 전반적으로 자녀의 성적 향상이 자녀와 부모의 행복감을 증가시키지만 성적 상위권의 학생은 오히려 행복감이 낮아지는 현상이 관찰되었다고 보고했다. 이는 학업에 대한 부모의 기대가 매우 높고 대학입시에 초점이 맞춰진 한국 교육체계에서는 낮은 성적의 학생보다 성적 상위권 학생이 느끼는 학업 압박이 더 클 것이다. 게다가, '모범생' 이미지와 주변의 기대로 인해 아무도 모르게 혼자 학업 스트레스를 해소할 방법으로 자해를 선택했을 가능성이 높다. 영국의 인구 기반 전향적 코호트 Avon Longitudinal Study of Parents and Children (ALSPAC) 16~17세 청소년 4,810명을 대상으로 한 연구에서 높은 IQ와 NSSI 위험의 연관성이 여자보다 남자에서 더 강하다는 결과를 발표했다(Chang, S.S 등, 2014).
학교 성적과 IQ를 직접 비교할 수는 없지만, 학업성적이 우
수한 남학생이 여학생 보다 학업 스트레스에 더 민감할 것
이라는 가설을 세울 수 있을 것으로 생각된다. 그러나 학업
압박에 대한 성별 차이가 있는 것인지, 아니면 성별 차이는
없으나 학업압박을 해소하는 방법에 있어 성별 차이가 있는
것인지에 대한 근본적인 질문이 생긴다.

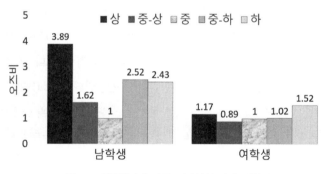

그림 19. 학급성적에 따른 비자살성 자해 위험비

경제적 박탈감 있는 여학생 자해 위험 높다

주관적 경제적 수준은 여학생의 자해 관련 요인으로, 경

제적 수준이 낮을수록 NSSI 위험이 높았다. 빈곤과 NSSI와의 관련성은 직접 다룬 것은 아니지만, 김은이-오경자의 연구 (2006)는 빈곤가정 여성 청소년과 높은 NSSI와의 관련성을 설명할 단초를 제공한다. 김은이-오경자(2006)는 중학생을 대상으로 가구의 빈곤과 스트레스 민감성에 대한 성별 차이를 연구했다. 1년간의 추적을 통해, 빈곤가정의 여성 청소년이 남성 청소년에 비해 생활 스트레스 사건에 더 민감하고, 스트레스 수준이 높아질수록 남학생에 비해 우울감과 문제 행동에 더 많은 영향을 받는다고 보고했다. 또한 부모의 사회 경제적 지위와 청소년의 자살생각과의 관련성 연구를 수행한 박다혜와 장숙랑(2013)도 여학생이 남학생 보다 부모의 사회경제적 지위에 보다 민감하게 반응한다고 보고했다. 빈곤가정의 청소년은 경제적 문제뿐 아니라, 부모의 우울, 문제성 음주 등 자녀 양육에 영향을 미칠 만한 요소들에 비빈곤 가정 청소년 보다 많이 노출된다. 이런 요소들은 빈곤과 관계없이 부모-자녀간 갈등을 심화시킬 수 있으므로, 빈곤 가구 청소년의 자해 중재 시에는 더욱 주의 깊은 접근이 필요할 것이다. 최근 한국에서 자해는 청소년 정신건강 문제의 가장 큰 이슈이지만, 자해와 사회경제적 수준간 관련성 연구는 거의 없다. 청소년 정신건강을 종속변수로 한 선행연구에 따르면, 가구의 소득 보다는 부모의 교육수준이 더 영향을 크게 미치는 것으로 보인다. 사회경제적 수준과 자해와의 관련성 연구가 적어 결론을 내릴 수는 없지만, 낮은 사회-경제적 수준은 남녀 청소년 모두에게 위험요인이지만, 여자 청소년이 사회-경제적 수준에 보다 영향을 강하게 받는 것으로 해석된다. 박문숙 등(2020)이 보고한 특성화고등학교 남학생의 12개월 NSSI는 13.8%로, 본조사 남자 고등학생 4.1%에 비해 4배 이상 높았다. 저자들은 이를 경제적 취약계층이 높은 특성화고등학교의 특성으로 해석했다. 이제정 등(2020)은 학교로부터 의뢰받아 정신건강 문제를 상담한 학생들이 상대적으로 사회경제적으로 취약한 계층으로, 40% 이상이 가구소득 200만 원 이하였다고 보고했다.

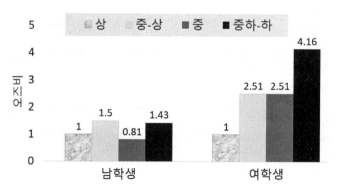

그림 20. 경제적 수준에 따른 비자살성 자해 위험비

게임이용장애, 괴롭힘, 우울

중고등학교 시기는 대부분을 또래와 함께 보내며 우정을 쌓고 정체감을 형성하는 시기로, 가족 못지않은 또래 관계의 영향력이 매우 중요한 시기이다. 또래 갈등과 학교생활 부적응은 청소년기 자해뿐 아니라 성인기 자살시도의 예측변인으로도 알려져 있다. 이진규와 조성희(2020)는 중학생 8명 대상으로 자해요인 탐색을 위해 심층 면담을 실시, 그 중 5명이 '친구의 따돌림'을 최초 자해 이유로 들었다. 친했던 친구와의 관계가 싸움으로 단절되거나, 따돌림, 반복된 오해로 친구들 사이에 갈등이 반복되는 경험들은 심리적으로 취약한 청소년들을 스트레스 상황으로 몰아넣는다. 한국 청소년들은 또래집단 이외에는 자신의 비밀을 공유하는 것을 꺼리는 문화가 있다. 그런 이유로 학교와 같은 집단생활에서 구성원들과 동화되지 못하거나 왕따 경험을 할 때 자살 위험성이 더욱 높아진다.

학교폭력은 정신병리에 관계없이 직접적으로 자해를 높이는 요인이라는 점에서, 그리고 성인기 이후까지도 막대한 영향을 미친다는 점에서 더욱 주목해야 한다.

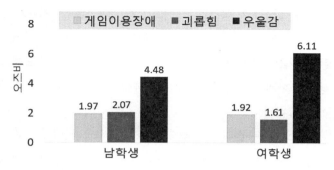

그림 21. 게임이용장애, 괴롭힘, 우울감에 따른 비자살성 자해 위험비

부정적 감정의 도피 수단, 자해

청소년은 자신의 신체를 훼손하는 고통스런 행위를 왜 할까? 추은정 등(2018)은 청소년 자해 원인을 개인의 내적요 인에서 찾았다. 가장 큰 이유는 '정서 조절'로 불안-좌절-분 노와 같은 마음속에 쌓인 감정들을 스스로 진정시키기 위해 서이며, 두 번째로는 '자기 처벌'의 수단이라고 했다. 또 일 부는 자살에 대한 생각을 멈추기 위해, 즉 '자살 방지'를 위 한 수단으로 자해를 선택한다고 설명했다. 많은 어른들은 자해하는 청소년을 이해하려는 노력보다는 '관종' 또는 '불 량청소년'으로 치부하는 경향이 크다. 하지만, 자해하는 청

소년 중 관심끌기 목적은 4% 미만으로 매우 낮다(한겨레21, 2018). 또한 자해하는 청소년을 불량청소년으로 치부하기에는 자해율이 매우 높을 뿐 아니라, 성적 상위권의 소위 모범생이 포함된다는 점에서 청소년 자해를 이해하기 위한 노력이 필요하다.

청소년들은 심리적 고통에서 일시적으로 도피하기 위한 감정을 자해로 표현하면서도 이를 멈추고 싶어한다. 2018년 청소년 자해 관련 상담은 27,976건으로 2017년 대비 3.3배, 2016년 대비 4.9배 증가했으며 이후로도 꾸준히 늘어나고 있다. 이는 청소년의 자해는 '살고싶다', '도와달라'는 SOS 신호임을 반증한다. 청소년 자해 문제해결의 출발점은, 자해의 위험에 노출된 청소년의 목소리를 듣고 그들의 요구사항을 해결하는 것이다.

참고문헌

JY Jeong, DH Kim. 2021. Gender Differences in the Prevalence of and Factors Related to Non-Suicidal Self-Injury among Middle and High School Students in South Korea. *Int. J. Environ. Res. Public Health*, 18. 5965.

전영상, 최영신. 2017. 학업성적이 부모와 자신의 행복에 미치는 영향. *청소년학연구*, 24(2):473-490.

Chang SS, Chen YY, Heron J, Kidger J, Lewis G, Gunnell D, David Gunnell. 2014. IQ and adolescent self-harm behaviors in the ALSPAC birth cohort. *J Affect Disord* 152-154, 175-182.

김은이, 오경자. 2006. 빈곤가정 청소년의 심리사회적 적응: 1년간 추적연구. *한국심리학회지*, 25(2):381-396.

박다혜, 장숙랑. 2013. 부모의 사회 경제적 지위가 청소년의 스트레스, 우울, 자살생각에 미치는 영향. *한국산학기술학회논문지*, 14, 2667-2676. (Korean)

이제정, 강윤형, 홍현주, 김영훈, 손정우. 2020. 충청지역 '정신건강전문가 학교방문지원사업'에서 자해나 자살시도군의 특성. *J Korean Neuropsychiatr Assoc*, 59(1):44-50

박문숙, 서영석, 안하얀. 2020. 특성화고등학교 남학생들의 비자살적 자해 실태 및 동기에 관한 연구. *청소년상담연구*, 28:459-491.

이진규, 조성희. 2020. 중학생의 비자살적 자해 경험 연구. *청소년상담연구*, 28, 233-255.

추은정, 이영호. 2018. 자해척도(ISAS)의 한국판 타당화 연구, *청소년학연구*, 25(11):95-124

한겨레21. 2018.11.12. 팔로어 수천명…'자해계'운영하는 '자해러' 아시나요? (url: https://www.hani.co.kr/arti/society/society_general/869844.html)

제6장
젊은 여성의 자살, 왜 증가할까?

영국의 이코노미스트는 최근 우리나라 자살률이 OECD 1위를 하는 원인이 20~30대 청년기 여성의 자살률 증가 때문이라고 보도했다. 젠더갈등과 세대갈등 속 여성 청년이 위기에 놓였다.

2010년 인구 10만 명당 22.8명으로 정점을 찍은 우리나라 20~30대 여성의 자살률은 2017년 14.0명까지 감소하다 2018년을 기점으로 빠르게 증가하여 2021년에는 20.2명까지 늘었다(통계청, 2022). 이는 중년기(16.3명, 40~64세) 및 노년기(19.8명, 65세 이상)보다 높아, 고령일수록 자살률이 높다는 기존의 규칙을 거스른다. 물론, 청년기 남자의 자살률이 청년기 여자의 자살률보다는 높다. 하지만 그림 24~25에서 보듯 지난 10년간 청년기 남자의 자살률은 크게 변하지 않았다. 하지만 여자는 다르다. 이것이 20~30대 청년기 여성 자살률 증가에 주목해야 할 이유다.

여성 청년기의 자살률을 연령을 조금 잘게 쪼개 살펴보면, 20대의 자살률 증가가 더 두드러진다. 2017년 10만 명당 9.5명까지 감소했던 20대 초반의 자살률은 5년 후인 2021년 2배 높아졌으며, 같은 기간 20대 후반은 1.5배 높아졌다. 특히, 코로나19 발발 첫해인 2020년은 20대 여성에겐 더 큰 위협이었던 듯하다. 2017년 이후 20~30대 모두 증가추세였으나, 2020년 30대의 자살률은 주춤한 반면, 20대의 증가는 여전히 가파랐다. 20대 자살률의 급증으로 연령군간 격차는 거의 사라졌다. 그럼, 지금부터 청년기 여성 자살률의 급증 원인을 파헤쳐 보자.

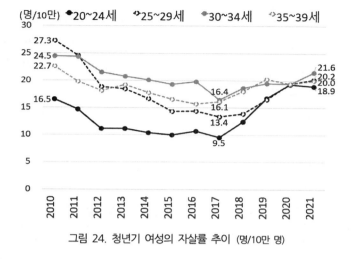

그림 24. 청년기 여성의 자살률 추이 (명/10만 명)

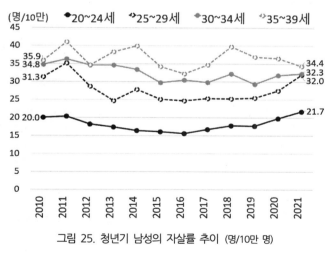

그림 25. 청년기 남성의 자살률 추이 (명/10만 명)

2021년 기준 20대 여성 사망자 3명 중 2명이, 30대 초반은 2명 중 1명이 자살로 생을 마감했다(통계청, 2022). 그만큼 삶의 기반이 취약하며, 그 취약함을 견뎌낼 자원이 부족함을 뜻한다.

아래 표는 청년기 여성의 자살생각 이유를 보여준다. 2021년 기준, 경제적 어려움과 직장문제(실직, 미취업 등)를 합치면 20대는 31.5%, 30대는 33.2%로, 자살충동을 느꼈던 3명 중 1명에 해당된다. 2017년과 비교해 20대는 2.0%p, 30대는 4.2%p 증가한 수치다. 그렇다면, 40~50대도 아닌 20~30대에게 경제적 어려움은 어떻게 자살에 영향을 미치는지 살펴보자.

표 5. 청년기 여성의 자살생각 원인, 단위: %

자살생각 이유	20대		30대	
	2017	2021	2017	2021
경제적 어려움	11.4	12.6	18.0	19.5
이성문제(실연, 파혼 등)	4.5	3.3	1.9	1.9
질병 또는 장애	4.0	3.7	5.5	6.8
직장문제(실직, 미취업 등)	18.1	18.9	11.0	13.7
외로움·고독	15.3	16.6	18.0	16.3
가정불화	11.9	11.6	22.8	17.3
진로문제	17.8	17.2	2.9	2.5
기타	16.9	16.0	20.0	22.0

• 자료원: 질병관리청. 2017년, 2021년 지역사회건강조사

젠더 불평등과 기울어진 노동시장

통계청 경제활동인구조사에 따르면 남녀 모두 20대의 실업률이 30대를 크게 웃돈다. 특히 20대 여자 실업률은 꾸준히 높아져서 2020년에는 남자의 실업률을 넘어섰다. 이는 코로나19가 노동시장의 성불균형을 심화시켰음을 설명한다.

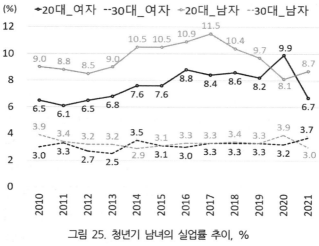

그림 25. 청년기 남녀의 실업률 추이, %

* 출처: 통계청. 경제활동인구조사

우리나라는 성별 임금격차가 30% 이상으로 OCDE 회원국 중 가장 높다. 우리나라 기업은 같은 학력과 경력이라면 남자를 선호하는 가부장적 정서가 남아 있어, 여자는 애초 기울어진 노동시장을 상대해야 한다. 그러므로 처음 사회에 진입하는 학력-경력 등에 차이가 없는 20대에서도 남녀의 노동소득 격차는 벌어지고 있다. 게다가 출산과 육아로 인한 여성의 경력단절은 성별 소득격차를 키우며, 이후 노동시장에 재진입한다고 해도 저임금 일자리나 비정규직 등 질 낮은 일자리가 주 선택지가 된다. 베스트셀러 「82년생 김지영」이 대표적인 인물이다.

팬데믹과 여성의 실직

한국여성정책연구원(2021)에 따르면 저학력 여성일수록, 소규모 사업장, 임시-일용직일수록, 대면업종 등 감염병 확산에 취약한 일자리의 여성이 코로나19로 인해 일자리를 먼저 잃었다. 코로나19 집단감염에 대한 취약성이 가장 먼저 드러났던 구로구 콜센터, 청도대남병원 등이 대표적인 사례이다. 또한 사회적 거리두기로 인해 대형마트, 요식업, 여행사, 항공사 등 여성 종사자의 비중이 높은 서비스업의 타격이 가장 컸다는 사실을 통해, 코로나19 여파는 여성에게 보다 가혹했음을 알 수 있다. 코로나19는 또한 우리사회를 빠르게 비대면 사회로 전환시켰고 여성들이 잃은 직업은 택배 또는 배달서비스라는 남성의 직업으로 탈바꿈했다. 수년간 이어지던 경제침체에 설상가상 덮친 팬데믹은 노동시장에 뿌리 깊은 구조적 성별 불평등을 더욱 악화시켰다. 코로나 팬데믹 시기 여성 청년 자살사망률의 증가는 단지 우리나라만의 특징은 아니며, 일본도 유사한 양상을 보였다 (BBC NEWS 코리아, 2021). 요미우리신문은 "비정규직 비율이 높은 여성이 코로나 확산으로 실업이나 수입 감소 등의 영향을 받았기 때문"으로 분석했다(한겨레, 2021).

하지만 그나마 다행인 것은 일상생활로 회귀되면서 여성의 일자리가 빠르게 회복되고 있다. 남성 고용이 큰 타격을 받는 일반침체기와는 달리 코로나19 확산 때는 여성고용이 더 크게 악화되었다. 이를 쉬세션(she+recession, 여성과 침체의 합성어) 현상이라고 한다. 반면, 팬데믹에서 점차 벗어나는 과정에서 여성의 일자리가 먼저 늘어나는 것을 쉬커버리(she+recovery, 여성과 회복의 합성어) 현상이라고 한다. 그림25의 실업률 추이를 보면, 20대 여성의 실업률은 2020년 9.9%까지 증가했으나 바로 다음 해에는 6.7%로 낮아져, 2012~13년 수준까지 떨어졌다. 반면, 감소하던 20대 남자의 실업률은 2021년에는 소폭 증가하는 반대 양상을 보인다. 팬데믹으로 인한 20~30대 여성 고용의 타격이 우려했던 것보다 빨리 회복세로 전환되었지만, 고용의 질 회복은 더디다.

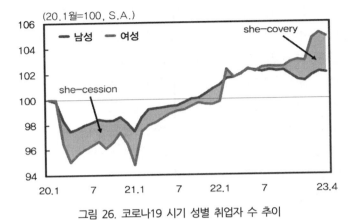

그림 26. 코로나19 시기 성별 취업자 수 추이

* 출처: 한국은행. BOK 이슈노트

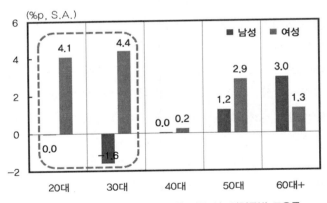

그림 27. 2020.1월 대비 2023.4월 기준 성, 연령군별 고용률

* 출처: 한국은행. BOK 이슈노트

쉬커버리 현상, 즉 청년기 여성 고용의 회복은 자살률의 감소·둔화로 이어졌다. 2020년까지 빠르게 증가하던 20대 여성의 자살률이 2021년에는 증가하지 않았다. 반면, 20대 남성의 자살률은 2021년에도 소폭 증가했다. 이는, 장기적 경기침체와 코로나로 인한 경제적 어려움이 청년기 여성 자살에 상당히 위협적으로 영향을 미쳤음을 보여준다.

불평등한 사회에 노출된 20대 여성의 41.3%는 최우선 국정 목표로 '복지 확대'를 주문했다. 반면 20대 남성은 '경제성장(35.6%)'을 1위로 꼽아 기성세대의 우선순위와 동일했다(경향신문, 2022). 양성평등까지는 아니지만, 성불평등은 크게 완화되고 있다. 하지만, 여성의 인식과 변화에 비해 남성의 변화속도는 매우 느리다. 20대에서 조차도 젠더갈등이 존재하는 이유다. 장숙랑 교수(2019)는 20대를 '유전자가 다르다고 할만큼 이전 세대와는 다른 인류'로 표현했다. 또한 이전 세대에 비해 더 많은 취약성에 노출된 세대로, 이들이 나이들면 지금 세대보다 자살률이 높아질 것으로 예측했다. 따라서 기성세대의 경험과 시각으로 청년세대의 삶을 단언해서는 안되며, 그들의 불행한 죽음을 예방하기 위해서는 그들이 목소리에 귀기울여야 한다.

참고문헌

통계청. 2022. 사망원인통계

질병관리청. 2017-2021. 지역사회건강조사

통계청. 2010~2020. 경제활동인구조사.

한국여성정책연구원. 2021.3.8. 코로나19 1년간 20대 여성 4명 중 1명 퇴직 경험. 3·8 세계여성의날 맞아 코로나19 1년 여성노동자 일자리 변동 현황 조사 결과

BBC NEWS 코리아. 2021.2.18. 코로나19: 일본에서 코로나 이후 여성 자살이 급격히 늘어난 까닭. URL: https://www.bbc.com/korean/international-56109950

한겨레. 2021.11.3. 일본도 '코로나 쇼크' 직장 여성 극단 선택 급증. URL: https://www.hani.co.kr/arti/international/japan/1017773.html

한국은행. 2023.5.31. 여성 고용 회복세 평가: From she-cession to she-covery. BOK 이슈노트 제 2023.17호

경향신문. 2022.4.21. 20대 여성 "새정부 최우선 과제는 복지" 남성의 두 배. URL:https://www.khan.co.kr

장숙랑, 백경흔. 2019. 청년여성의 자살 문제. *사회건강연구소* URL:http://www.ishealth.org/bbs/board.php?bo_table=s3_1

제7장
중년남성의 자살: 가난 그리고 사회적 관계

2021년 기준 자살자망자는 13,352명이며 그 중 중년남성은 4,343명이다. 자살로 사망하는 3명 중 1명이 중년남성이라는 의미다. 가장의 무게때문일까?

서론

중년은 신체적 노화의 시작과 함께 자기분야의 성취를 회고하며 새로운 시도를 시작하는 자아정체성의 위기를 겪는 시기이다. 거기에 더해 중년남성은 자녀 양육, 노부모 부양 등을 위한 가정의 경제주체로 과도한 책임감과 부담감을 가지게 된다. 중년남성의 높은 자살률은 한국의 중년남성이 경험하는 각종 스트레스와 사회적 부담감이 얼마나 큰지를 보여주는 척도라 할 수 있다.

질병관리청 지역사회건강조사 결과 중년남성의 자살생각 이유는 경제적 어려움(29.3%), 외로움-고독(15.8%), 가정불화(11.8%), 실업(12.7%) 등 사회-경제적 요인이 약 70%를 차지한다. 선행연구에 따르면, 남성의 자살행동(자살생각, 자살시도, 자살사망) 관련 사회·경제적 요인으로는 미혼 및 배우자가 없는 경우, 낮은 소득, 무직 및 불안정 고용, 스트레스, 낮은 사회적지지 등이 보고되었다. 하지만 이 결과들은 대부분 연령이 혼합된 결과로 중년남성의 자살원인을 온전히 설명하지는 못한다.

이에 본 연구자는 일반인구집단 대상의 대표성을 가진 지역사회건강조사를 이용하여 지역사회 거주 중년남성의 자살생각 및 자살시도 관련 사회경제적 요인을 분석하였다.

본 분석은 2017년 지역사회건강조사(Community health survey, CHS)[4] 데이터를 이용하였다. 본 연구의 대상자인 40~64세 남성 참여자는 49,026명이었다.

생계부양의 책임감, 자살행동 높인다

2017년 인구 10만 명당 중년남성의 자살사망률은 40~44세 35.2명, 45~49세 41.8명, 50~54세 46.0명, 55~59세 49.3명, 60~64세 46.8명으로 50대 후반까지 증가하다 60대에서 낮아졌다. 본 연구에서 50대는 우울감경험률이 5.0%로 40대 4.1%, 60대 4.5%보다 유의미하게 높았으며, 자살시도자 대상 추가 분석 시에도 다른 연령군에 비해 기초생활수급가구율(40.8%, 40대 28.6%, 60대 17.0%), 1인 가구율(45.0%, 40대 37.5%, 60대 23.3%)이 유의미하게 높았다. 또한 자살생각 이유 중 가정불화(16.8%), 외로움(14.4%), 실직-미취업(7.2%),

---

4) 지역사회건강조사는 질병관리청에서 주관하는 법정조사로, 근거기반 보건정책 수립을 위한 지역주민의 건강통계 생산을 위해 매년 전국 23만 명을 조사한다. 조사내용은 세대유형, 가구소득, 건강행태, 의료이용, 이환, 예방접종, 사고 및 중독, 활동제한 및 삶의 질, 보건기관 이용, 교육 및 경제활동 여부, 그리고 사회적 네트워크 등을 포함하고 있다. 자살관련 문항은 4년마다 조사한다.

진로문제(2.5%)에서 타 연령보다 높아, 50대는 삶의 전반에 걸쳐 어려움을 겪는 세대로 이해된다. 통계청에 따르면 2021년 55~64세 남성의 주된 일자리 퇴직 연령은 평균 51.2세였으며, 이들 중 56.7%가 휴폐업, 권고사직 등 비자발적 조기 퇴직자였다(통계청, 경제활동인구조사). 2019년 기준 우리나라의 생애주기 수지 적자 전환 연령(소비지출액이 근로소득을 넘어서는 연령)은 60세로, 51세에 주된 일자리에서 퇴직한 중년남성은 대체 일자리를 통해 경제활동을 지속해야만 한다. 자녀 교육비, 부모 부양비 등으로 소비 규모는 크지만 조기퇴직 등으로 소득이 감소한 50대의 경우 소득 불안정에 의한 불안감이 생애 최고로 높은 시기일 것이다.

본 연구대상자의 자살생각 이유 1위는 경제적 어려움으로, 자살생각군의 28.9%, 자살시도군의 35.1%가 경제적 어려움 때문에 자살을 생각한다고 응답했다. 경제적 수준은 소득, 직업, 학력, 건강보험유형, 기초생활수급가구 등 다양한 방법으로 측정되며, 측정 방법과 관계없이 낮은 경제적 수준은 자살위험을 높인다(김재원 등, 2018). 본 연구에서 낮은 기능의 직업/무직은 자살생각은 높였으나 자살시도를 높이지는 않았다. 반면, 낮은 가구소득은 자살생각과 자살시도 모두를, 기초생활보장 수급가구는 자살시도를 높이는 요인이었다. 선행연구에서 블루칼라 또는 무직의 중년남성

은 자살생각이 높았으나(이선영 등, 2015), 이는 소득 규모
보다는 직장 내 인간관계로 인한 스트레스가 주된 원인이었
다(강성모 등, 2015). 핀란드 성인(25~64세) 대상 연구에서
장기실업은 자살생각을 높였으나 가구소득 보정 시 그 위험
이 31% 감소 되었다(Maki N 등, 2012). 본 연구에서도 실직-
미취업은 자살생각자의 13.2%가 자살생각 원인으로 응답했
으나 자살시도자로 제한하면 4.9%로 감소하였다.

중년남성은 전통적으로 가정의 생계부양자 역할을 맡아
왔기 때문에 경제적 상황에 매우 민감하다. 여성의 사회진
출이 상당히 높아졌으나 아직은 성 역할이 분명한 가족 구
조를 가지므로, 가족부양과 관련된 경제적 문제는 중년남성
의 자살행동 원인이 될 수 있다. 하지만 본인의 소득이 낮거
나 없더라도 배우자 또는 성년 자녀 등의 근로소득, 또는
임대소득 등으로 가구소득이 유지되면 가장의 경제적 부담
이 감소되는 것으로 해석된다. 본 연구에서 기초생활보장수
급가구는 그렇지 않은 가구 보다 자살시도 위험이 높았다.
이는 40~50대 남성(이선영 등, 2015) 및 남성 노인(Jeong JY,
2020) 대상 선행연구와 일치했다. 하지만 연령(19세 이상)이
혼합된 남성 연구에서는 관련이 없었다. 이는 기초생활보장
수급가구 여부는 중년 이상의 남성에게 자살시도를 높이는
요인으로 보인다. 본 연구에서 살펴보아야 할 또 하나의 특

이점은 기초생활보장수급가구의 자살시도 위험요인이 가구
소득보다 낮다는 점이다. 기초생활보장수급제도는 생계가
곤란한 빈곤가구에 수당을 지급하는 제도로 비록 소득 자체
는 낮지만 소득의 불안정성 또한 낮기 때문으로 이해된다.
본 연구결과를 종합하면, 중년남성의 자살시도는 경제적 요
인 중 가구소득의 규모와 소득의 안정성에 영향을 받는 것
으로 판단된다.

높은 사회적 연결망,
중년남성에겐 지지가 아닌 스트레스

가족, 이웃, 친구와의 만남 빈도가 낮은 중년남성은 자살
생각 위험이 높았다. 그러나 자살시도 분석에서는 상반된
결과를 보여, 가족과 이웃 만남 빈도가 높은 경우 오히려
자살시도 위험이 높았다. 이는 높은 사회적 연결망이 건강
에 항상 긍정적 효과를 전제하는 것은 아님을 보여주는 결
과이다.

18~55세 호주 남성 대상 연구에서 생활 스트레스 사건
중 대인관계 사건(가족 구성원과의 심각한 갈등, 친구와의
갈등, 이혼 등)이 자살생각, 자살시도, 자살사망 모두와 일관

된 관련성을 보였다(Currier D 등, 2016). 본 연구에서 자살시도자의 16.0%가 '가정불화'를 자살행동 이유로 응답했으며, 국내 남성 대상 연구에서 이웃과의 잦은 교류는 청년의 자살생각(임지혜 등, 2020)을, 노인의 자살시도(Jeong JY, 2020)를 높였다. 높은 사회적 자본은 긍정적 관계에서는 건강에 유익하나 사회적 관계 내 사람들에 대한 의무나 역할 긴장과 관련될 때는 정신건강에 부정적일 수 있다. 또한, 경제적 불안정은 사회적 관계를 손상시키지는 않으나 이로 인해 발생하는 경제적 우려나 물질적 결핍은 이웃과의 교류나 친분관계를 맺는데 부정적인 영향을 줄 수 있다. 따라서 실업, 가정해체, 경제적 불안정 등 심각한 스트레스에 노출되어 자살생각을 한 사람이라면 가족, 이웃과의 잦은 접촉은 회피하고 싶은 스트레스일 것이다. 게다가 중년남성은 자녀 양육과 부모 부양 등 가장 역할을 수행해야 하므로 이들과의 접촉을 회피할 수만은 없기에 더욱 큰 스트레스 원으로 작용할 수 있을 것이다.

종교활동, 친목회 등 사회모임에 참여한다는 것은 일정수준의 사회적 연결망을 유지하고 있음을 의미한다. 사회활동이 자살예방에 작동하는 기전은 사회적 고립을 막아줌으로써 정신적 지지를 제공하는 것이다. 그러나 사회활동 또한 건강에 대해 'U shape'의 관련성을 보인다(Villalonga-Olives E

등, 2017). 사회적 관계의 증가는 그만큼 투자비용이 들고 스트레스나 부담, 갈등, 역할 긴장 등을 낳을 수 있기 때문이 다(Falci CD 등, 2009). 본 연구에서 정기적으로 참여하는 사 회활동이 없는 경우 자살생각 위험을 높였으나 자살시도를 높이지는 않았다. 동일한 자료로 사회활동별로 분석을 실시 한 연구에서 여가활동은 보호요인, 자원봉사활동은 위험요 인이었으며, 동일한 활동도 성, 연령군에 따라 효과의 크기 와 방향이 달랐다(임지혜 등, 2020). 사회활동별 효과의 방 향성이 다름은 외국 연구에서도 관찰되었다. 유럽의 노인 및 은퇴자 대상 연구에서 종교활동은 우울을 낮추었고 정치 참여는 시간이 지남에 따라 우울수준을 높였다(Croezen S 등, 2015).

사회참여가 건강에 부작용을 미치는 기전으로는 사회비 교 스트레스(stress of social comparison)를 들 수 있다. 한국 인의 비교성향은 타 국가에 비해 상대적으로 높다. 특히 상 향비교는 질투, 원한, 자신의 처지에 대한 부끄러움, 좌절 등 부정적 감정을 양산하고, 상향비교 과정에서 발생하는 스트레스는 우울로 이어진다(김경미, 2016). 이상의 결과는 사회적 연결망의 긍정적인 측면만을 강조하던 시각에서 벗 어나 사회적 연결망이 갖는 부정적 효과에 주목할 필요가 있음을 시사한다.

중년남성의 자살행동은 가정 및 사회에서 발생하는 감당하기 벅찬 스트레스가 주요 원인이므로, 이에 대한 대처능력을 함양할 수 있는 정책이 마련되어야 할 것이다. 또한 사회적 자본이 가지는 양면성(double-edged)에 대한 과학적인 근거확보 및 기전 설명을 위한 연구가 필요하다.

참고문헌

통계청. 2021.5. 경제활동인구조사 고령층 부가조사 결과

김재원, 이태진. 2018. 경제적 불안정과 중년 남성의 정신건강. *보건경제와 정책연구*, 24(1):142-166.

이선영, 허명륜. 2015. 중년 남성의 자살생각 영향요인. *한국산학기술학회논문지*, 16(7):4777-4789.

강모성, 전영주, 손태홍. 2008. 기혼중년남성의 직무 및 스트레스와 자살구상. *한국가족관계학회지*, 13(1);105-134.

Maki N, Martikainen P. 2012. A register-based study on excess suicide mortality among unemployed men and women during different levels of unemployment in Finland. *J Epidemiol Community Health*, 66:302–307.

Jeong JY. 2020. Gender difference in socioeconomic factors affecting suicidal ideation and suicidal attempts among community-dwelling elderly: based on the Korea Community Health Survey. *Epidemiology and health*, 42:e2020052.

Currier D, Spittal MJ, Patton G, Pirkis J. 2016. Life stress and suicidal ideation in Australian men–cross-sectional analysis of the

      Australian longitudinal study on male health baseline data. *BMC Public Health*, 16(3):1031. doi: 10.1186/s12889-016-3702-9.

임지혜, 김재우. 2020. 자살생각 위험에 대한 사회경제적 지위의 영향 및 사회관계와 활동참여의 조절 작용:생애주기와 성별차이 비교. *조사연구*, 21(1):117-152.

Villalonga-Olives E, Kawachi I. 2017. The Dark Side of Social Capital: A Systematic Review of the Negative Health Effects of Social Capital. *Social Science and Medicine*, 194:105-127.

Falci CD, McNeely C. 2009. Too Many Friends: Social Integration, Network Cohesion and Adolescent Depressive Symptoms. *Social Forces*, 87(4):2031 -2062.

Croezen S, Avendano M, Burdorf A, van Lenthe FJ. 2015. Social participation and depression in old age: a fixed-effects analysis in 10 European countries. *American journal of epidemiology*, 182(2):168-176.

김경미. 2016. 사회비교경향성과 주관적 안녕감 및 우울의 관계: 자기통제의 조절효과. *청소년학연구*, 23(10):235-257.

제8장
노인 자살: 경제적, 정서적 지지의 붕괴

실직, 은퇴로 인한 사회활동의 축소, 경제력 약화, 질환 증가, 배우자 상실 및 자녀 독립 등 자살 위험 요인은 나이 듦과 함께 늘어난다. 게다가, 우리나라 노인빈곤율은 세계적으로도 최고수준으로 생계때문에 은퇴하지 못하는 삶을 살고 있다.

감소하는 노인자살률,
하지만 자살 취약요인은 증가하는 세대

　우리나라 노인의 자살률은 2011년 이후 확실한 감소추세로 돌아섰다. 하지만 노인인구의 빠른 증가로 인해 실제 자살사망자 수의 감소폭은 자살률만큼 크지 않다. 여전히 노인자살에 관심을 지속해야 할 이유이다. 무엇보다 남성노인은 여전히 청년층보다 2.2배, 중장년층보다 1.6배 자살률이 높은 것도 사실이다(2장 참조). 타 연령군에 비해 노인 자살률이 높은 것은 세계 공통적인 현상으로, 고령일수록 자살유발요인이 증가하기 때문이다. 실직, 은퇴로 인한 사회활동의 축소, 경제력 약화, 질환 증가, 배우자 상실 및 자녀독립 등 자살위험요인이 나이 듦과 함께 증가하며, 특히 남자 노인들은 신체적 질병, 배우자 상실 등에 더욱 취약한 것으로 알려져 있다.

　2020년 실시된 노인실태조사(보건복지부, 2021)에 따르면, 자살을 생각하는 주된 이유는 건강 23.7%, 경제적 어려움 23.0%, 외로움 18.4%, 배우자나 가족의 사망 13.8%, 가족과의 갈등 13.1%, 배우자나 가족의 건강 및 돌봄문제 7.6%로 나타났다. 본 저자는 지역사회 거주 노인을 대상으로 자살생각 및 자살시도 관련성을 연구해 왔으며, 해당 연구결과를 중심으로 어떤 노인이 자살위험에 놓여있는지 그 원인을 탐색해보자.

높은 노인빈곤율

노인의 삶의 질에는 사회경제적 요인이 크게 작용한다. 노인실태조사(2020)에 따르면 노인의 경제상태 만족도는 37.4%였으며, 고령일수록 낮아져서 80세 이상은 25% 미만으로 떨어졌다. 통계청 가계금융복지조사(2022)에 따르면, 2021년 노인빈곤율5)은 37.6%로 전년대비 1.3%p 떨어졌다. 이는 통계집계 이래 가장 낮은 수치이지만 세계적으로는 여전히 최고수준이다. 기초연금을 포함하고도 여전히 노인 3명 중 1명은 빈곤에서 벗어나지 못하고 있다. 즉, 기초연금이 빈곤 개선에 기대만큼 효과를 보지 못했다고 해석할 수 있다. 이는 국민연금연구원이 지난해 발표한 '노인 빈곤 실태 및 원인분석을 통한 정책방향 연구' 보고서에도 분명히 드러난다. 보고서에 따르면 2020년 65세 이상 인구의 2.9%

---

5) 노인빈곤율: 만 65세 이상 인구 중 가처분소득 기준으로 상대적 빈곤(중위소득 50% 이하) 상태인 인구가 차지하는 비율을 의미(중위소득: 3,174만 원)

만이 기초연금을 통해 가난에서 벗어났다.

표 6. 노인빈곤율 추이, %

연도	2012	2014	2016	2018	2019	2020	2021
빈곤율	45.4	44.5	43.6	42.0	41.4	38.9	37.6

• 출처: 통계청. 2023. 2022 가계금융복지조사 결과

　그렇다면, 우리나라 노인은 왜 빈곤한가? 2020년 노인실태조사에 따르면 은퇴 후에도 경제활동을 하는 비율이 36.9%이며, 이 중 79.9%가 생계비를 위해 일을 한다. 즉, 은퇴하지 못한 삶을 지속하는 것이다. 그림28은 OECD 국가의 연금 노후소득보장 수준을 보여준다. 막대그래프 길이는 국민평균 소득이 100일 때 노인의 소득 규모이다. OECD 평균은 87.9%인데 우리나라는 65.8%이다. 그마저도 절반 이상이 근로소득에 의한 것이며, 공적연금은 17.1%로 꼴찌다. 연금의 존재 이유는 노후소득보장에 있다. 하지만 우리 연금의 노후소득보장 기능은 매우 취약해서 OECD 국가 중 노인소득과 연금비중이 가장 낮다. 그러나 빠른 시간내 이 비중을 OECD 평균만큼 높이는 것은 어려울 것이다. 낮은 지급률과 짧은 가입기간으로 소득대체율이 낮기 때문이다.

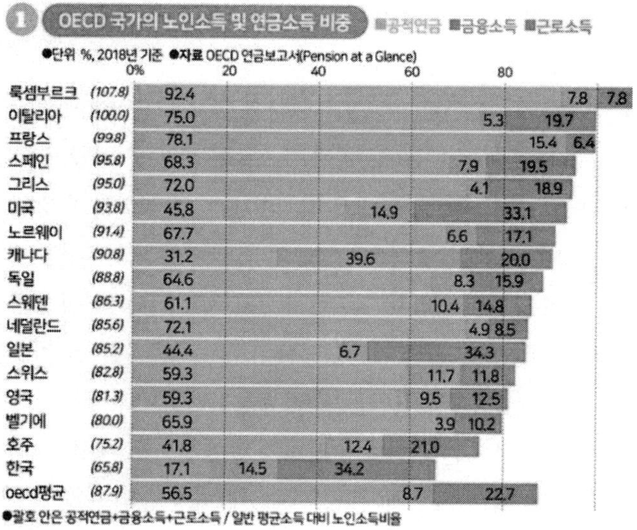

① OECD 국가의 노인소득 및 연금소득 비중	공적연금	금융소득	근로소득
록셈부르크 (107.8)	92.4	7.8	7.8
이탈리아 (100.0)	75.0	5.3	19.7
프랑스 (99.8)	78.1	15.4	6.4
스페인 (95.8)	68.3	7.9	19.5
그리스 (95.0)	72.0	4.1	18.9
미국 (93.8)	45.8	14.9	33.1
노르웨이 (91.4)	67.7	6.6	17.1
캐나다 (90.8)	31.2	39.6	20.0
독일 (88.8)	64.6	8.3	15.9
스웨덴 (86.3)	61.1	10.4	14.8
네덜란드 (85.6)	72.1	4.9	8.5
일본 (85.2)	44.4	6.7	34.3
스위스 (82.8)	59.3	11.7	11.8
영국 (81.3)	59.3	9.5	12.5
벨기에 (80.0)	65.9	3.9	10.2
호주 (75.2)	41.8	12.4	21.0
한국 (65.8)	17.1	14.5	34.2
oecd평균 (87.9)	56.5	8.7	22.7

● 단위 %, 2018년 기준 ● 자료 OECD 연금보고서(Pension at a Glance)

● 괄호 안은 공적연금+금융소득+근로소득 / 일반 평균소득 대비 노인소득비율

그림 28. 2018년 OECD 국가의 노인소득 및 연금소득 비중, %

* 출처: 한국일보, 2023.5.15. 가입기간 늘리면, 국민연금 노후보장 유럽 수준 가능하다

본 저자의 연구에서는, 경제적 요인 중 자살시도 요인은 남성 노인은 '국민기초생활수급가구'인 반면 여자는 '100만 원 미만의 월평균가구소득'으로 나타났다. 이는 경제적 요인이라는 공통점은 있지만 자살생각에서 자살시도로 이어지게 하는 요인이 남자는 상대적 빈곤, 여자는 절대적 빈곤이라는 점에서 성별 차별점이 드러난다. 국민기초생활보장법(National Basic Living Security Act)은 사회보장제도의 하나

인 공적부조의 기능을 담당하기 위해 2000년 제정된 법률이다. 이 법의 보호대상은 가족의 소득 합계가 최저생계비 이하인 가구로, 2021년 현재 수급자는 전체 인구의 4.6%(2,359,672명)이다(보건복지부, 2021). 남성 노인의 경우 성 역할이 분명한 전통적인 가족 구조에서 경제적 주체의 역할을 수행해왔다. 국민기초생활수급 대상이 되었다는 것은 곧 최빈 가구임을 증명하는 것이며, 이는 자신의 경제적 능력 상실이 그 원인으로 이로 인한 자존감 하락, 또는 스스로를 더 이상 무가치한 존재로 평가하게 될 가능성이 높다. 남성노인의 자살생각 예측요인을 연령군에 따라 분석한 연구에서, 기초생활보장 수급여부는 전기노인(65-74세)에서 유의성을 보였다. 전기 노인일수록 빈곤을 자신의 무능력 탓으로 돌릴 가능성이 높다고 해석된다. 그에 비해 여성 노인은 경제적 자립의 책무에 대한 기본인식이 남성 노인과는 차이가 있으며, 이에 월평균가구소득이라는 절대적 경제수준이 자살시도에 영향을 미치는 것으로 생각된다.

배우자와의 사별

배우자와의 사별은 인생에서 겪는 매우 부정적 사건 중

하나이다. 본 연구자는 질병관리청 지역사회건강조사를 대상으로 노인의 사별이 자살행동에 어떤 영향을 미치는지 분석하였다. 분석결과, '배우자와 동거' 중인 노인과 비교 시 '사별'은 남녀 모두에서 자살생각을 높였다. 남성 노인의 사별(8.7%)은 여성 노인(52.1%)보다 발생 가능성이 크게 낮았다. 그러므로 사별에 의한 충격과 상실감이 여성 노인보다 더 크고 그로 인해 자살생각 위험도 더 높을 수 있다. 더불어 남성 노인의 가사, 요리 등 독립적인 생활에 필요한 기술의 부족도 자살생각에 기여했을 수 있다. 그러나 배우자의 사별은 남녀 노인 모두 자살시도에까지 영향을 주지는 않았다. 노인의 절반 이상은 2개 이상의 만성질환을 보유하고 있으며(정진영 등, 2017), 노인의 5대 사망원인(암, 심장질환, 뇌혈관질환, 폐렴, 당뇨병)이 전체 사망의 57.2%(남 61.1%, 여 53.4%)를 차지한다(통계청, 2018). 이처럼 노년기 사별이 질병진단-치료-악화-사망의 과정을 거쳐 발생한 사건인 경우, 그 과정 중 어느 정도의 심리적 준비가 되었기에 상실감으로 인한 자살생각은 높으나 자살시도로까지는 이어지지 않았을 것으로 해석된다.

정서적지지, 노인자살을 낮춘다

　　뉴질랜드 자살노인 대상 심리부검을 실시한 Beautrais AL(2002)는 모든 노인이 적절한 사회적 지지를 보장받는다면 27%의 자살을 감소시킬 수 있다고 보고했다. Turvey와 동료들(2002)은 전향적 연구 자료를 분석, 친척과 친구가 많다고 응답한 노인의 자살위험이 유의하게 낮았다고 발표했다. 본 저자의 연구에서도 동일한 결과를 얻었다. 본 저자는 정서적 지지를 제공할 수 있는 사회적 네트워크를 가족(친척), 이웃, 친구와의 접촉빈도로 측정하였다. 결과를 보면, 정서적 지지 부족에 의한 자살시도는 여성 노인에서 높았다. 가족(친척)과 월 1회 미만 접촉하는 경우 자살시도 위험이 각각 2.1배 높았다. 가족은 정서적 지지 뿐아니라 경제적 지지를 함께 제공하는 관계이기에 가족과의 접촉빈도는 자살시도를 예측하는 핵심 척도가 될 수 있다. 가족과 마찬가지로 친구와의 접촉빈도가 낮아도 자살시도 위험이 1.8배 높았으나, 이웃과의 접촉은 자살행동에 영향을 미치지 않았다. 친밀감에 있어 가족이나 친구 보다 낮기 때문으로 판단된다. 이상의 결과를 종합하면, 가장 가까운 지지체계(가족)가 무너지면 자살생각 위험이 높아지며, 완충작용을 하는 그 외곽의 지지체계(친구, 이웃)까지 무너지면 자살시도 위험이 높아지는 것으로 해석된다.

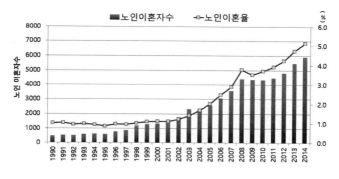

그림 29. 노인이혼율 변화 추이

기초연금 도입은 전반적으로 소득증진과 소득불평등을 완화하고 더불어 심리적 효과도 있는 것으로 평가된다. 이에 기초연금의 지급 및 증액은 노인자살 감소에 기여할 것으로 기대되나, 기존 소득이 아주 적은 경우 기초연금을 수급하더라도 빈곤선 탈피에는 한계가 있다. 그러므로 노인일자리 창출, 기초연금 증액과 같은 소득정책과 더불어 경제적 어려움에 기인한 자살행동을 완충해 줄 정서적지지 강화에도 노력을 기울여야 할 것이다. 지역사회 공동체의 사회적 자원이 개인의 열악한 사회적지지 자원을 대체할 수 있을 것으로 기대한다.

참고문헌

보건복지부, 한국보건사회연구원. 2020. 2020년도 노인실태조사 정책보고서

정진영. 2020. 지역사회 거주 노인의 정신건강 및 기능장애와 자살 시도 관련성: 지역사회건강조사를 기반으로. *대한보건연구*, 46(2):61-73.

통계청. 2022. 가계금융복지조사.

한국일보. 2023.5.15. 가입기간 늘리면, 국민연금 노후보장 유럽 수준 가능하다

보건복지부. 2021. 국민기초생활보장수급자현황. https://kosis.kr/statHtml/statHtml.do?orgId=117&tblId=DT_11714_N001&conn_path=I2

정진영, 이수인. 2017. 지역사회 거주 노인의 신체적 건강문제가 자살생각에 미치는 영향. *대한보건연구*, 43(4):59-72

통계청. 2018. 사망원인통계

Beautrais AL. 2002. A case control study of suicide and attempted suicide in older adults. *Suicide Life Threat Behav*, 32(1):1-9.

Turvey CL, Conwell Y, Jones MP. 2002. Risk factors for late-life suicide: a prospective, community based study. *Am J Geriatr Psychiatry*, 10(4):398-406.

제9장

유병백세 시대,
'아프면 죽어야지' 농담만은 아니다

우리나라 노인의 84%는 1개 이상의 만성질환을 진단받았고, 4명 중 1명은 진단받은 질병이 3개 이상이다. 건강뿐 아니라 의료비라는 또 다른 경제적 부담과 자녀에게 부양부담을 가중시킨다. 가고 싶은 곳에 가지 못하고 하고 싶은 걸 하지 못하는 인생, 더 이상 사는데 의미도 미련도 없다.

기대수명과 건강수명 격차 17.2년

통계청에 따르면, 2020년 우리나라 기대수명은 83.6세로 2012년(80.9세)에 비해 2.6년 증가했다. 기대수명은 해당년도 출생아가 앞으로 생존할 것으로 기대되는 평균수명을 말한다. 즉, 2020년 출생아의 예상 평균수명이 83.6세라고 이해하면 된다. 통계가 집계된 이후 매년 증가하고 있다. 이는 같은 해 OECD 평균과 비교해 남자는 2.6년 여자는 3.3년 높다. 고령층의 기대여명은 더욱 빠르게 증가해서, 2000년에는 OECD 평균보다 낮았으나 2020년에는 빠른 속도로 높아지고 있다. 2,000년에는 OECD 평균보다 남자는 1.4년, 여자

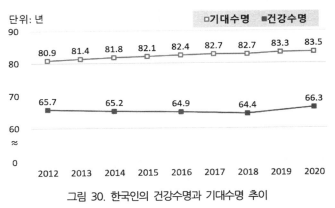

그림 30. 한국인의 건강수명과 기대수명 추이

* 출처: 통계청(2022). 2020년 생명표

는 2.4년 높다.

반면, 기대수명에서 질병이나 부상 등으로 몸이 아픈 기간을 제외한 건강수명(2020년)은 66.3년으로, 기대수명 83.5년 중 17.2년은 아픈 채로 살아간다. 그렇다면, 기대수명이 늘어난 만큼 건강수명도 늘어났을까? 그렇지 않다. 2012년 대비 0.6년 증가에 그쳤다.

우리나라 노인의 84%는 1개 이상의 만성질환을 진단받았고, 4명 중 1명은 진단받은 질병이 3개 이상이다. 물론 이들은 해당 질병 치료를 위해 3~4종 이상의 약물을 복용한다(2020년 노인실태조사). 기대수명은 늘었지만, 건강수명이 제자리걸음인 이유이다. 기대수명의 증가는 노인인구의 증

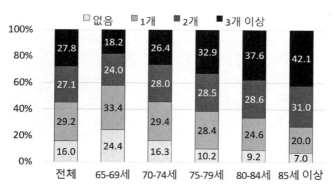

그림 31. 노인의 진단받은 만성질환의 수

* 출처: 보건복지부, 한국보건사회연구원. 2020년도 노인실태조사

가로 귀결된다. 여러 가지 만성질환을 동시에 앓는 노인의 증가는 건강문제 뿐아니라 의료비라는 또 다른 경제적 부담을 가중시킨다. 건강보험심사평가원이 발표한 '2021년 진료비 통계지표'에 따르면 2021년도 65세 이상에 지급된 요양급여비가 40조 원을 돌파했고, 이는 전년 대비 10.2% 증가한 수치다. 당연히, 건강보험 총진료비 가운데 65세 이상 노인 진료비가 차지하는 비중도 점점 늘고 있다. 2021년 기준, 전체 인구의 16%에 해당하는 노인인구가 전체 건강보험 진료비의 43%를 차지했다.

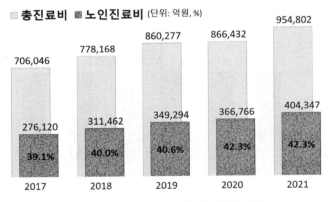

그림 32. 노인 요양급여비용 및 구성비 추이

• 출처: 건강보험심사평가원, 국민건강보험공단. 2022. 2021년 건강보험통계연보

자살취약성 높이는 노인 건강문제

노인의 만성적이고 중증도가 높은 신체적 건강문제는 다른 연령층에 비해 자살의 취약성을 높인다. 선행연구에 따르면, 신체적 질병은 노인의 자아존중감 또는 우울(또는 절망감)을 매개로 자살생각에 이르게 한다(J Ro 등, 2015). 즉, 신체적 질환 단계에서의 자살예방활동은 자살위험이 보다 높은 심리적 문제로 발전되는 경로를 차단하는 효과를 기대할 수 있다. 이에, 본 저자는 지역거주 노인의 어떤 신체적 건강 문제가 자살생각을 높이는지에 대해 연구한 바 있다(정진영, 2017). 이 연구결과를 토대로 '아픈 노인'의 자살 문제를 이해하고자 한다. 노인자살 요인으로 알려진 인구학적, 심리적, 사회적 요인은 통제되었다.

복합질환 노인, 자살생각도 높인다

만성질환 10종6)에 대해 의사진단여부, 현재 치료여부, 그리고 조절여부를 조사하였다. 분석결과, 의사로부터 진단받

---

6) 고혈압, 당뇨병, 뇌졸중, 심근경색, 협심증, 관절염, 골다공증, 천식, 백내장, 우울

은 질병 수가 많은 노인일수록 자살생각 위험률이 선형으로 증가했다. 진단받은 질병이 없는 노인과 비교할 때, 2개 이상부터는 위험비가 크게 높아져서 3개인 경우 1.78배, 4개 이상이면 2.1배까지 높아졌다(그림 33). 반면, 진단받은 질병이 1개인 경우는 자살생각 위험비가 1.1배로 크지 않았다. 노인실태조사 결과 노인 10명중 8명이 적어도 1개 이상의 만성질환을 가지고 있다. 이처럼 노인들의 만성질환 유병률은 젊은 연령 보다 높은 수준이다. 따라서 1~2개 정도의 질환보유 또는 고혈압, 당뇨처럼 노인에서 유병률이 높고 일상생활에 불편감이 낮은 질환의 경우, 질환에 대한 경제적·심리적 부담이 높지 않기 때문으로 해석된다.

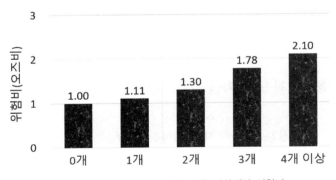

그림 33. 의사진단 질병 수에 따른 자살생각 위험비

• 출처: 정진영. 2017

질병이 있어도 잘 조절되면, 자살생각 위험을 낮춘다

만성질환 수와 더불어 질병의 치료 및 조절여부도 자살생각에 크게 영향을 미쳤다(표 7). 주목되는 결과는, 치료받고 있으며 잘 조절되는 고혈압 환자와 현재 치료 중인 골다공증 환자의 경우, 미진단자 보다 자살생각 위험이 낮다는 점이다. 이들의 경우 임상적 치료와 함께 건강한 생활습관을 병행할 가능성이 높다. 즉 질환이 있더라도 치료를 통해 잘 조절된다면 해당 질환을 위험한 건강문제로 인지하지 않기 때문으로 보인다. 반면, 진단받았으나 현재 치료받지 않고 있는 뇌졸중 환자와 진단을 받고 최근 악화경험이 있는 천식환자의 경우 자살생각이 유의하게 높아졌다. 천식은 대개 약물을 올바르게 사용하면 잘 관리되지만 자가관리는 복잡할 수 있으며, 흡연, 스트레스, 곰팡이, 꽃가루, 날씨변화 등에 의해 증상이 악화될 수 있어(E Baker 등, 2015) 평소 자가관리가 상당히 중요한 질병이다.

진단여부와 함께 진단시기도 자살위험을 높인다. Erlangsen 등(2015)은 최근 3년 이내 뇌졸중, 암, 골다공증 등의 질병을 진단받은 경우 그 이전 진단자 보다 자살사망이 높다고 보고했다. 이는 질병 진단초기에 자살위험이 높음을 보여주는 결과로, 진단초기에 자살예방을 위한 적극적인 스크리닝 및 모니터링이 필요함을 시사한다.

표 7. 노인의 진단받은 질병별 자살생각 위험비

질병명	진단 및 치료여부	위험비(95% 신뢰구간)
고혈압	진단받은 적 없음 **진단 + 조절됨** 진단 + 조절안됨	1.00 **0.82(0.71-0.94)** 0.97(0.78-1.20)
뇌졸중	진단받은 적 없음 **진단 + 치료중** 진단 + 치료받지않음	1.00 0.91(0.76-1.09) **1.26(0.99-1.59)**
골다공증	진단받은 적 없음 **진단 + 치료 중** 진단 + 치료받지않음	1.00 **0.84(0.72-0.98)** 0.98(0.84-1.15)
천식	진단받은 적 없음 진단 + 악화경험 없음 **진단 + 최근 악화경험**	1.00 1.16(0.97-1.40) **1.41(1.06-1.89)**

* 당뇨병, 심근경색, 협심증, 관절염, 백내장은 진단력 및 치료력에 따른 자살위험
도의 차이가 없었다.

질병뿐 아니라 일상생활에 불편 및 장애를 동반하는 경우
도 노인의 자살생각 위험을 높인다. 본 저자의 연구에서, 최
근 1년간 낙상경험, 최근 1달 동안 침상와병 경험, 또는 다소
또는 심한 통증이나 불편감은 노인의 자살생각 위험을 높였
다. 신체적 기능 제한은 가족 등 타인의 도움을 필요로 하므

로 그로 인한 부담감을 증가시키고, 사회적 네트워크의 단절 또는 축소로 인해 우울을 야기할 수 있다. 즉 신체적 기능에 대한 통제력 상실은 자아존중감을 낮추고, 무력감 및 절망감을 유발하는 중요한 역할을 할 수 있다. 본 저자의 연구에서 통증·불편감은 모든 신체적 질병 중 자살생각 위험이 가장 높았다. 심한 통증이나 신체적 기능 제한이 있는 노인은 미래에 대해 부정적이며, 자살을 고통에서 벗어나는 수단으로 여길 수 있을 것이다. 따라서 임상의가 통증의 초기발견과 치료가 자살위험을 감소시킬 수 있음을 인지하는 것은 중요하다.

표 8. 노인의 기능장애 요인별 자살생각 위험비

질병명	구분	위험비(95% 신뢰구간)
낙상경험	아니오 **예**	1.0 **1.37(1.27-1.48)**
침상와병 경험	아니오 **예**	1.0 **1.40(1.25-1.56)**
일상생활 제한	없음 다소 심함	1.0 1.09(1.01-1.19) 0.93(0.77-1.12)
통증 또는 불편감	없음 **다소** **심함**	1.0 **1.32(1.20-1.44)** **1.73(1.50-1.99)**

요약하면, 노인들에게는 단지 질환의 진단경험 보다는 질환 미치료 또는 증상의 악화경험, 또한 기능제한이 자살의 위험요인이다. 효과적인 노인 자살예방을 위해서는 우울로 발전하기 전 단계에서 차단하는 노력이 필요하다.

치밀한 준비, 치명적 도구의 노인자살

노인의 자살률이 높은 이유는 낮은 자살충동성과 높은 성공률에서 찾을 수 있다. 음주는 자살과 매우 밀접한 관련이 있다. 과다한 음주는 충동조절 능력을 저하시킨다. 평소 자살생각이 없거나 낮더라도 음주로 인해 충동적으로 자살을 시도할 가능성이 높아진다. 그러나 노인은 아래 그림에서 보듯이 자살시도 당시 타 연령군 대비 술을 마신 사람의 비율이 낮다. 즉, 술김에 하는 충동적 자살은 아닐 가능성이 높다. 이런 자살시도는 자살사망으로 이어질 가능성을 높인다. 보건복지부에 따르면, 2021년 자살시도로 응급실에 내원한 70세 이상의 자살성공률은 8.9%로, 전체 연령군 2.8%의 3.2배에 달한다. 게다가 노인은 자살시도 징후를 주변에 표현하지 않는다. 때문에 주변사람이 자살위험성을 포착하는 것 또한 어렵다. 노인의 강한 자살의지는 어느 연령군보다 치밀하게 준비하고 치명도가 높은 자살수단을 사용하게 한다. 그만큼 예방도 어렵다.

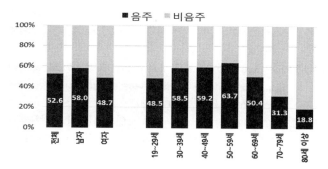

그림 34. 자살시도 시 음주여부, %

* 출처: 안용민, 위대한, 박형근 등. 2019. 2018 자살 실태조사

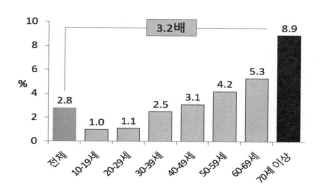

그림 35. 응급실 내원 자살시도자 중 사망자 비율, %

* 출처: 보건복지부, 한국생명존중희망재단. 2023 자살예방백서

참고문헌

통계청, 2022년 생명표 (URL: https://www.index.go.kr/)

보건복지부, 한국보건사회연구원. 2021. 2020년도 노인실태조사

건강보험심사평가원, 국민건강보험공단. 2022. 2021년 건강보험통
계연보

J Ro, J Park, J Lee, H Jung. 2015. Factors that affect suicidal attempt
risk among korean elderly adults: a path analysis. *J Prev
Med Public Health*, 48(1):28-37.

정진영, 이수인. 2017. 지역사회 거주 노인의 신체적 건강문제가
자살생각에 미치는 영향. *대한보건연구*, 43(4):59-72.

E Barker, K Kõlves, D Leo. 2015. The relationship between asthma
and suicidal behaviours: a systematic literature review. *Eur
Respir J*, 46(1):96–106.

HJ Na, SH Bae, M Kim. 2015. Suicidal ideation in older adults with
osteoarthritis: data from the Korea National Health and Nutrition
Examination Survey. *J Muscle Jt Health*, 22(2):138-147.

안용민, 위대한, 박형근 등. 2019. 2018 자살 실태조사

보건복지부, 한국생명존중희망재단. 2023. 2023 자살예방백서

제10장
살고 싶은 대한민국을 위해:
자살예방을 위한 국가의 역할

2023년 4월 보건복지부 장관은 제5차 자살예방기본계획을 발표했다. 핵심은 2021년 26.0명(/10만 명)인 자살률을 2027년까지 18.2명으로 줄여보겠다는 계획이다. 자살률로 드러난 한국 사회의 문제에 대해 국가는 그간 어떻게 대처했는지 살펴보자.

그간 국가자살예방정책의 성과

국가수준의 첫 자살예방기본계획은 2004년 수립되었다. 이때는 1980년대 10명(/10만 명당) 미만이던 자살률이 1990년대 말 IMF 위기로 20명에 육박하는 자살률을 보인 시기도 아닌 2000년대 초 카드대란으로 2차 피크를 찍던 시기이다. 기본계획은 5년 주기로 수립되었으며, 공백기와 중복기 등을 거쳐 2023년 제5차 기본계획이 수립되었다.

표 9. 제1~5차 국가자살예방기본계획의 결과

구분	주체	목표자살률▲	
		계획	결과
제1차 자살예방기본계획 (2004~2008)	보건복지부	18.2명	26.0명
제2차 자살예방기본계획 (2009~2013)	보건복지부	20.0명	28.5명
제3차 자살예방기본계획 (2016~2020)	보건복지부	20.0명	25.7명
자살예방 국가행동계획 (2018~2022)	보건복지부 총리실	17.0명	26.0명
제5차 자살예방기본계획 (2023~2027)	관계부처 합동	18.2명	

▲ 목표자살률: 인구 10만 명당
• 출처: 한국생명존중희망재단 홈페이지. 국가 자살예방정책

제2차 자살예방기본계획 기간동안 우리나라 자살률은 정점을 찍었다(2011년 31.7명/10만 명). 그럼에도 제3차 기본계획은 2년이라는 공백을 가진 후 2016년 수립되었다. 자살률 감소가 정말 국정목표였는지 의구심이 드는 대목이다. 4차 기본계획인 '자살예방 국가행동계획'은 문재인 정부에서 3차 기본계획을 보완하여 실효성 있는 과제를 중심으로 구체적인 행동계획(Action plan)을 제시하고 있다. 처음으로 보건복지부 주체를 벗어난 범정부적 추진체계를 구축, 범부처의 협조를 강조한 계획이라는 점에서 의미가 있다. 기본계획과 함께 2011년에는 「자살예방 및 생명존중문화 조성을 위한 법률」이 제정되었고, 2012년에는 중앙자살예방센터(현재 한국생명존중희망재단)가 개소되었다. 그 외에도 2019년에는 총리실이 주관하는 자살예방정책위원회가 설치되었으며, 2020년에는 보건복지부 내 자살예방정책과가 신설되었다. 이런 과정을 통해 국가적 차원의 자살예방 사업체계는 점차 강화되었다.

그렇다면 기본계획의 성과는 어땠을까? 전세계적으로도 유래없이 급격히 증가하던 자살률을 낮추기 어렵다는 것쯤은 누구나 짐작할 수 있을 것이다. 또한, 기본계획이 성공했다면 OECD 1위 장기집권이라는 불명예의 결과도 없었을 것이다. 2004년 우리나라의 자살률은 24명(/10만 명)이었으며,

5년 후 6명을 줄이겠다는 목표를 세웠으나 오히려 2명이 증가했다. 이후 다행히도 자살률은 감소하였으나 목표에는 여전히 도달하지 못했다. 눈에 띄는 것은 2023년 세운 5차 자살예방기본계획의 목표치도 1차 기본계획과 동일한 18.2명이라는 점이다. 2021년 26.0명(/10만 명)인 자살률을 2027년까지 8명을 줄여보겠다는 계획이다.

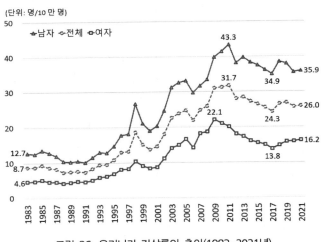

(단위: 명/10만 명)

그림 36. 우리나라 자살률의 추이(1983~2021년)

• 자료원: 통계청(2023). 사망원인통계

"자살은 하나의 개별적인 사건이다. 하지만 개별 자살과 달리 **자살률은** 단순히 개별 자살 사건의 합계, 총계가 아니며 **그 자체가 하나의 통일성을 가진 독자적인 현상이고 그 본질은 압도적으로 사회적**이라는 것이다"(박상훈 등, 2021) 그 사회가 힘이 있어야 자살에 취약한 구성원을 보호하고 통합한다. 자살률로 드러난 한국 사회의 문제에 대해 국가는 어떻게 대처했는지, 그 결과로 어떤 평가를 받고 어떤 반성을 했는지 함께 살펴보자.

경제문제 외면한 기본계획

2004년 처음 수립된 제1차 자살예방기본계획의 주요 추진계획은 아래와 같다(보건복지가족부, 2005). 24.0명이던 자살률을 18.2명으로 낮추겠다는 의욕에 찬 목표는 오히려 26명으로 증가하는 결과를 낳았다. 1990년대 말 IMF, 2000년대 초반 카드대란을 관통하며 자살률이 2~3배 이상 증가하던 시기의 예방계획임에도 실직, 부채 등과 관련된 경제적인 측면의 지원계획이 상당히 미흡했다. 자살의 원인을 그저 정신적 문제로 치부했다. 2차 계획을 통해 본 계획의 주무부서인 보건복지부(당시는 보건복지가족부)는 "정책범위를 개인중심의 정신보건사업으로 한정하여 사회-경제적 범정부적 지원책 마련이 미흡"했다(보건복지가족부, 2008)고뒤늦게 반성했다.

① 생명존중 문화조성, ② 자살보도 권고지밈 개발-보급, ③ 아동청소년 정신건강증진 및 자살예방, ④ 정신건강증진 및 우울증 예방, ⑤ 전화-인터넷을 통한 자살예방체계 구축, ⑥ 자살위험자 조기발견-치료, ⑦ 자살시도자 치료 및 사후관리, 자살감시체계 구축, ⑧ 교육훈련 및 자살예방 연구지원

제2차 자살예방종합대책에서는 자살 관련요인을 경제적 요인(실업, 소득양극화, 가계부실 등), 사회문화적 요인(사회적 지지망의 약화, 생명경시 풍조 등), 생물학적 요인(우울증 등 정신질환 증가)으로 분석하고, 1차 사업에 대한 비판적 평가를 토대로 정책범위를 개인 중심의 정신보건사업을 넘어서 사회경제적 지원이나 사회환경 개선 등 사회적 관점으로 확대했다. 자살률 목표(20명 미만/10만 명)를 달성하진 못했지만, 2차계획 동안인 2009년 31.0명(/10만 명)이던 자살률은 28.5명으로 소폭 감소했다. 2차계획의 실패원인으로 기존의 정신보건사업 인프라에 대한 예산과 인력의 보강없이 자살예방업무만을 추가했다는 점이 지적되었다. 2년의 공백을 두고 수립된 3차 계획에 대한 비판도 이전 계획과 크게 다르지 않았다. 아무래도 2011년 이후 자살률이

감소하면서 자살에 대한 정책적 관심이 퇴보했던 것은 아닌지 의심된다.

제4차 기본계획이라고 할 수 있는 자살예방 국가행동계획(2018~2022)은 자살률 감소 성공사례로 평가받는 핀란드의 심리부검방식을 도입하여 모든 자살자 대상으로 전수조사를 실시했다. 또한 1~3차에서 지적됐던 정책적 실행력 확보를 위해 보건복지부에 자살예방정책과를 신설했고, 국무총리를 위원장으로 하는 자살예방정책위원회도 신설했다. 또한 이 시기에 자살예방법 개정도 이루어졌다. 1~3차와 비교하면 적어도 반보는 진보된 범정부적 차원의 예방계획으로 평가된다. 비록 짧은 시기지만 2020년까지 자살률은 감소했다. 하지만 코로나19로 인해 감소폭은 둔화되었다. 코로나19와의 장기전은 청년, 여성 등 새로운 사회경제적 취약층을 양성했고, 그들에게 자살 위기 신호가 나타나고 있음은 앞장에서 설명한 바 있다.

자살수단에 대한 개입은 자살사망 낮춰

경찰청 통계에 따르면, 목맴에 의한 자살이 가장 많다. 다른 수단과 비교하면 압도적이다. 반면 2005년 2위였던 음

독자살은 상당히 감소했고, 가스중독은 엄청나게 증가했다. 치명적인 자살수단의 차단은 자살예방정책의 큰 축으로, 상당한 효과가 있음이 입증되었다. 하나씩 살펴보자.

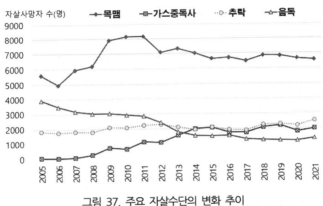

그림 37. 주요 자살수단의 변화 추이

* 출처: 경찰청.2022. 경찰통계연보

2011년 극악의 치사율로 '푸른 악마'라 불리던 제초제 그라목손(성분:파라콰트)의 생산·판매 제한과 농약안전보관함 사업은 농약음독으로 인한 노인자살 감소에 크게 기여했다(2011년 25.8명/10만 명 → 2016년 10.2명). 농촌과 자살을 이어주던 오래된 맥락이 끊겼기 때문이다. 하지만 이미 판매되어 민간에 보관되던 농약에 의한 영향은 상당기간 주의가 필요하다.

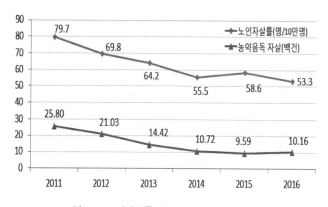

그림 38. 노인자살률과 농약음독 자살간 관계
* 출처: 관계부처합동. 자살예방 국가행동계획

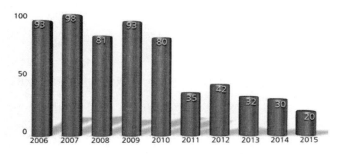

그림 39. 도시철도 자살추정 사고건수 추이

도시철도의 스크린도어 설치 또한 자살행동을 막는데 큰 효과를 보았다. 2010년까지 연간 100여 명에 달하던 도시철도 투신사고는 2015년 20건까지 감소했다. 하지만 스크린도어 수리 근로자의 잇따른 사고의 발생이 종종 우리 가슴을 먹먹하게 한다.

반면, 목맴에 의한 사망과, 가스중독(번개탄)으로 인한 자살사망자는 2000년대 중후반을 기점으로 빠르게 증가했다. 유명 배우 자살의 모방효과 때문이다. 이를 '베르테르 효과'라고 부른다.

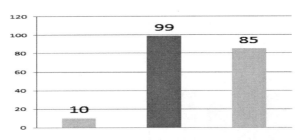

그림 40. 연예인 A씨 사망('08.9월) 전후 가스중독 자살(명)
• 출처: 관계부처합동. 자살예방 국가행동계획

제5차 자살예방기본계획('23~'27)

자살로부터 안전한 사회 구현

자살사망자 수 감소

자살률(인구10만명당
자살사망자 수) **30%** 감소
('21) 26.0명 → ('27) 18.2명

**지역 맞춤형
자살예방정책 강화**

생명존중안심마을 조성
('22) 0개 → ('27) 17개 시도

고위험군 집중관리

자살시도자·유족 개입률
('21) 6%→ ('27) 40%

<5대 추진전략 및 15대 핵심과제>

추진전략	① 생명안전망 구축	② 자살위험요인 감소	③ 사후관리 강화	④ 대상자 맞춤형 자살예방
단계별	환경개선	발굴, 개입 치료, 관리	회복지원· 자살 확산 예방	전주기
대상별	전국민	정신건강위험군	자살시도자자살유족	전국민
핵심과제	1. 지역맞춤형 자살예방 2. 생명존중문화 확산 3. 정신건강 검진체계 확대 개편	1. 치료 및 관리강화 2. 위험요인 관리강화 3. 재난 후 대응체계 강화	1. 자살시도자 사후관리 2. 유족 사후관리 3. 사후 대응체계 구축	1. 경제위기군 맞춤형 지원 2. 정신건강위기군 맞춤형 지원 3. 생애주기별· 생활터별 맞춤형 지원

추진전략	⑤ 효율적 자살예방 추진기반 강화
핵심과제	1. 자살예방 정책 근거기반 마련 2. 정책추진 거버넌스 재정비 3. 자살예방 인프라 강화

* 출처: 관계부처합동. 2023.4. 제5차 자살예방기본계획('23~'27)

2023년 4월, 5년마다 수립되는 다섯 번째 자살예방기본계획이 발표되었다. 자살률 추세와 관련해서는 청소년과 청년층 자살률 증가를 강조했다. 5차 계획에서 보건복지부가 제시한 세 가지 정책목표는, 첫째, 인구 10만 명당 자살률을 26.0명에서 18.2명으로 낮추겠다는 것이며, 둘째, 지역맞춤형 자살예방정책을 강화하며, 셋째, 자살시도자 유족에 대한 정신건강서비서 지원을 2027년 대상자의 40%까지 확대하겠다는 것이다. 그 외 정신건강 문제로 인한 자살예방을 위해 정신건강검진 주기를 10년에서 2년으로 단축하여 정신건강문제를 조기에 발견하겠다고도 했다. 무엇보다 자살사망자 30% 감소가 현실성이 있는지에 대한 기자의 질의에 "촘촘하고 튼튼한 생명안전망을 구축하고 자살시도자 유족들에 대한 효과적인 지원을 통해 자살률 목표를 반드시 달성하도록 노력하겠다"는 예측가능하고 상투적인 포부도 전했다.

5차 계획에 대한 전문가의 평가는 '정책이 정교해졌다', '복지 사각지대 여러 위험요소 해소를 위한 계획이 담겼다' 등 긍정적 의견과 '이웃나라 일본의 23분 1에 불과한 예산은 선진국에 비해 턱없이 부족한 수준이다', '중앙정부의 정책이 지방정부에서도 반영-시행되어야 한다', '정신건강서비스 체계와는 독립적인 자살예방체계가 필요하다'와 같은 아쉬

움도 드러냈다.

　무엇보다 아쉬운 점은 자살예방사업의 예산이다. 이원영 (2018)에 의하면 2018년 기준, 자살예방사업 예산은 167.6억으로 전체 보건분야 예산(103,807억 원)의 0.16% 수준이다. 이는 암지원사업(1,217억 원)의 14%, 결핵지원(343억 원) 예산의 절반수준이다. 그나마 4차 기본계획으로 2017년 73.3억 원 대비 2.3배 증가한 결과다. 5년 후 자살률이 감소하여 목표를 달성하더라도, 그 성과가 온전히 정부정책에 의한 것이라고 단정하기 어려운 이유다. 자살률을 낮추고 싶다면 그에 상응하는 투입은 필수적이기 때문이다.

참고문헌

박상훈, 이상직, 김용희, 문지혜, 황희정. 높은 자살률, 무엇이 문제이고 무엇이 문제가 아닌가: 국민통합의 관점에서 본 한국의 자살률. 2021. *국회미래연구원 국가미래전략 Insight* 22호
보건복지가족부. 2005.9. 자살예방 5개년 세부추진계획
보건복지가족부. 2008.12. 제2차 자살예방종합대책(2009~2013)
관계부처 합동. 2018.1. 자살예방 국가 행동계획
이원영. 2018.9. 자살예방! 예산은 얼마나 부족한가? 국회자살예방포럼 제3차 정책세미나 발표 자료집

지은이 소개

정진영

한림대학교에서 연구와 강의를 하고 있다. 한림대학교에서 보건학을 전공했고 보건복지부 산하기관인 한국건강증진개발원에서 부연구위원으로 일했다. 현재는 지방자치단체 보건분야 공무원 교육과 지역사회 단위 자살예방네트워크 구축 활동에 매진하고 있다. 자살 관련 논문으로는 「지역사회 거주 노인의 신체적 건강문제가 자살생각에 미치는 영향」(2017), 「특광역시와 군지역 거주 노인의 경제적 요인과 자살생각: 2009년, 2013년, 2017년 지역사회건강조사를 기반으로」(2019), 「지역사회 거주 노인의 정신건강 및 기능장애와 자살시도 관련성: 지역사회건강조사를 기반으로」(2020) 등이 있다.